高森顯徹 著

生而為人的喜悅

親鸞聖人的33則佛學智慧

Q&A on True Pure Land Buddhism (Traditional Chinese version)
By Kentetsu Takamori
Published by Ichimannendo Publishing, Inc. (IPI)
970 West 190th Street, Suite 920, Torrance, California 90502

Translated and adapted by the *"Q&A on True Pure Land Buddhism"* translation team

Cover design by Kazumi Endo
Photographs by Tetsuji Yamamoto

First edition, May 2024
Printed in Japan

This book was originally published in Japanese by Ichimannendo Publishing under the title *Shinran Shonin no hanabira (Sakura no kan & Fuji no kan).*

Distributed in the United States by Ichimannendo Publishing, Inc. (IPI)
970 West 190th Street, Suite 920, Torrance, California 90502
Distributed in Japan by Ichimannendo Publishing Co. Ltd.
2-4-20-5F Kanda-Ogawamachi, Chiyoda-ku, Tokyo 101-0052
info@10000nen.com   www.10000nen.com

ISBN 978-0-9601207-4-1

ISBN 978-4-86626-089-1

序

一一妙花放光明，
三十六百千億之，
道道光明皆朗照，
塵刹無處不至之。

這是親鸞聖人的述懷。大朵的妙花綻放在他的心中，從那無數的花瓣散發出的幽香，至今仍吸引著千千萬萬的大眾。

親鸞聖人的名字在日本家喻戶曉，他去世至今已經七百六十餘載，但在日本的各家書店中，依然能看到許多關於他的書籍，對他的讚譽之聲也一直不絕於耳。

為他堅強剛毅的人生態度讚嘆不已的人有之，對他吃葷娶妻的勇氣佩服得五體投地的文豪有之，為他透徹的自我洞察力欽佩折服的評論家有之，對他深遠的哲學思想景仰心折的思想家也有之。

有人視他為彌陀慈悲的化身而感動不已，有人為他秋霜冷月般的嚴峻而肅然起敬。

親鸞聖人有如汪洋大海一般深邃，讓人難以捉摸。

親鸞聖人出生於八百年前，他是日本歷史上最受矚目的人物，對日本人的思想、文化上的影響不可估量。

親鸞聖人四歲喪父、八歲喪母，九歲就剃度出家，進入當時日本佛教的中心比叡山修行。透過父母生命的無常，幼小的他意識到人終有一死，而能解決生死大事的，就只有佛法這一條路。

為了解決生死一大事，親鸞聖人直到二十九歲為止，在山上嚴守清規，刻苦修行了二十年。雖然他得到了比叡山麒麟兒的美譽，卻未能通過艱苦的修行達成出家的目的。相反地，聖人越修行，越發現自己內心的骯髒。表面上的勤修苦練，甚至令他覺得是在欺騙佛祖的眼睛。終於，他放棄了修行之路，離開了比叡山。

不久，他在京都邂逅了法然上人，聽到了阿彌陀如來的本願。阿彌陀如來發誓：「無論多麼罪惡深重之人，都一定會拯救，使其成為死後必往淨土之身。」親鸞聖人在法然上人的指引下，得到了阿彌陀如來不可思議的救度。此後，聖人直到九十歲去世為止，為弘揚阿彌陀如來的本願，度過了他波瀾萬丈的一生。

他曾打破禁忌，公然吃葷娶妻，也曾不留情面地與法友進行激烈的爭論，還曾忍痛斷絕了和長子的父子之情。他曾在風雪中以石為枕，以雪為褥，度化以殺生為業的獵人，也曾面對利劍毫不畏懼，親切地稱對方為「御同朋，御同行」。這些都是為了開闡「無論什麼樣的人，都會予以拯救」的阿彌陀如來的本願。

親鸞聖人是一位不折不扣的宗教家、改革家。他把深山裡的佛教帶到了凡塵俗世，把高深的佛學傳到了田野鄉間。他的思想、教義，影響了幾百年來的日本佛教界。人們被他真實的話語所吸引，渴望知曉他教導的真實教義。然而，透過本書中提到的眾多問題也可以知道，親鸞聖人雖然備受推崇，真正了解他的教義的人卻少得令人吃驚。

對於人類來說，這實在是無比巨大的損失，令人扼腕不已。

有鑑於此，筆者將四十年來接到的各種有關親鸞聖人的疑問，以及當時對提問者所做的簡要解答收集成冊，並特別把內容聚焦到「為什麼親鸞聖人被稱為世界之光」，也就是大家最想知道的親鸞聖人的教義上。

本書是一本佛教與淨土真宗的入門書。淨土真宗教導依靠阿彌陀如來他力的拯救，身在俗世就能解決生死大事，所以是一門特別適合在家求法的人學習的宗派。尤其是在物欲橫流的當今世界，親鸞聖人的教義更會給人們的心靈帶來一片綠洲。

五百年前，蓮如上人為了貫徹親鸞聖人的教義，全心全意地奉獻了一生。而我也確信，唯有將聖人教義的花瓣，哪怕一片也好，傳送到人們手中，才能報答親鸞聖人的洪恩。

雖然本書在執筆時，已盡量寫得明白易懂，但如還有晦澀難懂之處，原因在於筆者，懇請各位讀者諒解。

若能透過本書，略聞到親鸞聖人教義的幽香，而因此更深更廣地接觸到聖人的信仰，將不勝榮幸。

合掌

二〇一五年初秋

著者識

1 「因果的道理」與親鸞聖人的教義

請問

聽說，親鸞聖人❶所講的教義就是佛教，除此之外並無其他。而佛教的根幹是「因果的道理」，那麼請問「因果的道理」是什麼樣的教義呢？

回答

如您所說，因果的道理確實被稱為「佛法的根幹」。也就是說，如果把佛教比喻成一棵樹，因果的道理就相當於這棵樹的樹根和樹幹。

貫穿一切經❷，即釋迦牟尼佛❸所講的七千餘卷佛經的教義，就是「因果的道理」。所以，如果無法清楚地理解「因果的道理」，就不會明白佛教，也不會理解親鸞聖人的教義。

那麼，因果的道理是什麼樣的教義呢？

首先，所謂「因果」，就是「原因」和「結果」。

佛教明確地教導，無論什麼事情，一定都有其產生的原因，沒有原因，是絕對不會產生出結果的。對此，佛教絕不認同有任何例外。

有的時候，依靠現有的條件，無法弄清原因是什麼。比如說，飛機墜入了深海之中，由於難以進行調查研究，因而無法知道墜機的原因。

但是，無法了解飛機墜毀的原因，並不等於這場事故的發生是沒有原因的。也許是因為飛機遇到不穩定的氣流，也許是因為引擎發生故障，也許是因為操縱出現錯誤等，一定是由於某種原因，才造成了墜機這樣的結果。墜機這個結果，絕對不可能是沒有原因的。

佛教告訴我們，無論多麼小的結果，都一定有其相應的原因。

接著講「道理」。「道理」是指「貫穿三世十方的事情」。所謂「三世十方」，指的是過去世、現在世、未來世這三世，以及東、西、南、北、上、下、四維[4]這十方，也就是「無論何時」「無論何地」的意思。

在佛教中，只有無論何時何地都不會改變的事情，才被稱為道理。

「因果的道理」就是指貫穿三世十方永恆不變的事情，所有的結果，都必定有其原因。沒有原因而產生出來的結果，是絕對不存在的。

更準確地說，「因果的道理」又叫做「因、緣❺、果的道理」。

那是因為，佛教告訴我們，只有「因」是產生不出「果」的，所有的結果，除了「因」，還需要與「因」相結合的「緣」，才會發生。

舉例來說，「稻米」這個「結果」，只靠稻種這個「因」是不能收穫的。稻種這個「因」，和土壤、水分、陽光、空氣等「緣」相結合時，才會得到稻米這個「果」。

把稻種撒在水泥或者冰塊上面，是不可能長出稻米的。因為沒有使稻種長成「稻米」的「緣」。

像這樣，佛教所講的「因果的道理」是說，所有的「果」，都是由「因」和「緣」相結合而產生的。所以，準確來說是「因緣果的道理」。

特別是佛法透過因果之道，闡明了我們最想知道的，關於人的命運的原因和結果的關係。

針對這件事，釋迦牟尼佛教導我們：「善因善果、惡因惡果、自因自果。」所謂「善因善果」，就是說善因（好的行為）會產生善果（幸福、快樂）。

「惡因惡果」就是惡因（壞的行為）會產生惡果（不幸、痛苦）。

「自因自果」就是說自己身上所顯現的結果，無論善果還是惡果，全是自己種下的因（行為）所造成的，所以理所當然，都要由自己去承擔。

佛教告訴我們，無論是幸還是不幸，所有的命運，都是由自己的行為所導致的，絕對沒有例外。既沒有「他因自果」——他人種的因，結果卻出現在自己身上，也絕對沒有「自因他果」——自己種的因，結果卻出現在他人身上這樣的事情。

這就是佛教自因自果的教義。

「因果的道理」就是佛教的根幹，所以，如果不明白「因果的道理」，就無法明白親鸞聖人的教義，希望您對此有充分的了解。

譯註

❶親鸞聖人（一一七三～一二六三）：日本鎌倉時代人。淨土真宗的祖師。其生平詳見附錄「親鸞聖人簡介」。

❷一切經：釋迦牟尼佛所講的所有教義的紀錄。又被稱為「八萬法藏」。

❸釋迦牟尼佛：大約兩千六百年前出生於印度，講說了佛教。也被稱為「世尊」或「釋尊」。

❹四維：指東南、東北、西南和西北四隅。

❺緣：幫助「原因」產生「結果」的事物。

2

關於人的命運，親鸞聖人是怎樣教導我們的呢？

請問

我覺得，再也沒有比人的命運更不可思議的事情了。請問，關於我們的命運是由什麼決定的，親鸞聖人是如何教導的呢？

回答

如您所說，人的命運看上去非常不可思議。

雖然每個人都長著兩隻眼睛、兩隻耳朵、一個鼻子、一張嘴，但是，每個人的容貌都有所不同。

地球上有將近七十億的人口，這些人都不盡相同。其中雖然也有看上去長得一模一樣，令人難以辨認的雙胞胎，但是他們的命運卻各不相同，這的確是不可思議的事情。

又或者，乘坐前一班電車的人安然無恙，但是坐兩、三分鐘後那班電車的人卻遭遇事故，或死或傷，這樣的事情屢見不鮮。那些在現今日益增加的交通事故中命喪黃泉的人，也是因瞬間的小小差異造成了不幸的命運。

特別是每個人出生的環境，是最不公平的事情了。有人生在一貧如洗的窮困家庭，也有人出生在有保姆服侍的豪富之家，還有人一出生就有身心障礙，有人出生為男，有人出生為女，有人生得美麗，有人長得醜陋……芸芸眾生，千姿百態。

同樣是人，有的出生在紐約的市中心，有的卻出生在南方的熱帶叢林中。即使是出生在同一個國家的人，出生的時代也不盡相同。同樣是出生在日本，有人出生在幾百年前的德川時代❶，有人出生在近代的明治時期❷，也有人出生在昭和❸年間，還有人出生在現代社會。而出生在第二次世界大戰之前或之後，命運上會有很大的不同。那些遭遇悲慘命運的人們，則為之鬱悶、痛苦、怨恨、詛咒。

這樣想來，再也沒有比人的命運更令人費解的事情了，您會有這種想法也是理所當然。

也正因如此，才會產生了宇宙神祕說或宿命論等主張。還有人說命運源於偶然，或是出自神的意志，諸如此類，說法百出。然而，所謂偶然，其實就是無知的代名詞。把原因歸咎於鬼神，則是蒙昧無知的古代人遺留下來的產物，都不值一提。

親鸞聖人立足於佛教貫穿三世十方、巋然不動的因果道理，告訴我們永恆不滅的「業」的存在，並教導我們每個人的命運，都是由各自過去所造的「業」產生出來的。

所謂「業」，就是我們的身、口、心所做的行為。我們過去行為之善惡，就是導致現在的命運——這個結果的原因。也就是說，自己現在的命運，正是過去在自己的意識支配下所做的行為造成的。

善因善果、惡因惡果、自因自果，在這個因果的鐵則下，播種就必定會結果，不播種則絕對不會有收穫。

因此，聽聞親鸞聖人的教義，得知真實佛法的人，在面對不好的命運時，就會懺悔自己過去所做的惡行；得到好的命運時，則會感謝佛祖的加護❹，而更加努力精進。

譯註

❶德川時代：從德川家康創立幕府的一六〇三年至一八六七年，以江戶（今東京）為政治中心的時代。

❷明治時期：一八六七年至一九一二年，德川幕府垮台後，日本走上近代化之路的時代。

❸昭和：日本的年號。一九二六年至一九八九年。

❹佛祖的加護：受到阿彌陀佛、釋迦牟尼佛、善知識們（正確傳播佛法之人）的守護。

3 親鸞聖人怎樣看待人與人之間的差別？

請問

雖然人們都說「所有人都是平等的」，但我卻難以苟同。因為那些生在富裕的家庭裡，文武兼優的人，和生在貧窮的家庭裡，又沒有什麼才能的自己相比，明顯有著巨大的差別。請問，這也只能把它當作是自己的命運而一味承受嗎？關於這件事，親鸞聖人是怎樣教導的呢？

回答

「天不造人上之人，亦不造人下之人。」日本教育學家福澤諭吉❶曾以這句話一語道破：所有人都是平等的。

無論是白人、黑人，還是有色人種，無論是富豪、高官，還是流浪漢，一張外皮下面包裹的同樣是人的身軀，沒有任何差異。然而在現實世界，人與人之間的不平等與差別，可以說是最為巨大的了。

事實上，我們不得不承認，人在誕生之初就有賢愚美醜、強弱貧富的差別，並且在每個人身上發生的各類事情也是千差萬別，各不相同，實在是複雜且奇異。

有人生在錦衣玉食的富貴人家，也有人生在家徒四壁的窮人家庭。有人天資聰穎，也有人生來愚笨。有人身體健康，也有人體弱多病。同一所大學畢業的人，有的成了大學教授，有的做了公司部長，有人繼承家業，也有人不斷地轉換工作，還有人因事業失敗而自殺身亡，有人妻離子散，也有人在交通事故中喪生，正所謂人生百態，各式各樣。

本以為自己這樣做，肯定會得到預期的收穫，可是，沒想到結果卻完全出人意料，弄得自己今後不知該何去何從，迷失了方向。這種事情並不少見。

認真工作，未必就一定能獲得成功。人所不齒的惡人，也未必就一定以失敗告終。善良的失敗者很多，邪惡的成功者也不少。

顏回是孔子門生中品格最高尚的人，但是他生活極為窮困，並且英年早逝。

而一個名為盜跖的大盜，做盡了傷天害理的事情，卻一生享盡榮華富貴，最後壽終正寢。

對照這兩個人的一生，孔子悲慟道：「噫！天喪予！天喪予！」

而這樣的事情，在我們的身邊屢見不鮮。於是就有人覺得，「老實人會吃虧，還不如不管三七二十一，為所欲為」，便放縱自己，自暴自棄。也有人覺得這是「無可奈何的命運」，而甘願認命，放棄努力。

還有很多人只要遭遇不幸，就把原因歸咎於社會或他人，一味地怨天尤人。

當然，個人的用心與努力、外界的環境與社會結構等等，對我們的命運也有很大的影響。透過對社會結構的改革，也可以避免或者消滅一些不幸的命運。

但是，像智商和性格這種與生俱來無法改變的條件也很多，為什麼會帶著身心障礙誕生到這世上？為什麼會生在日本這個國家？為什麼出生在這個時代？為什麼自己會生在這樣的父母膝下？為什麼會生下這樣的孩子？人們摸索悲慘命運的原因，最後卻因為難以找到答案而放棄探索。

佛教講說了過去、現在、未來三世的實際存在，並揭示了三世因果的道理。

我們的現實立足於無始無終的時間與空間之上，遵循著因緣果的道理，從過去到現在，並且一直延續到未來。但是，對於只知道現世的人來說，眼中能看到的範圍卻極為有限。

所以，只看現世的結果，是無法究查原因的。不過我們要知道，無因便無果，這是毫無疑問的。如果有結果出現，則必定有與其相應的因與緣存在。

日本儒學家賴山陽❷畫了一幅畫，畫中描繪釋迦與孔子摔跤，釋迦被摔倒在地。他拿著這幅畫到佛教學者雲華院大含❸那裡，請他寫個畫讚。

大含思考片刻，揮毫寫道：「孔子不知三世，釋迦顛倒笑之。」

那些以為人只有今生一世，而只注重強調倫理道德生活的人，從親鸞聖人的教義來看，也不得不說他是蒙昧無知的吧。

譯註

❶福澤諭吉（一八三五～一九〇一）：日本近代著名的啟蒙思想家、教育家。
❷賴山陽（一七八〇～一八三二）：日本江戶時代後期的儒家學者、歷史學家。
❸雲華院大含（一七七三～一八五〇）：日本江戶時代後期的淨土真宗僧侶。

4 親鸞聖人與三世因果

請問

聽說佛教教導「三世因果」，請問這是什麼意思呢？這和親鸞聖人所強調的「現在的拯救」有什麼樣的關係呢？

回答

如您所知，佛教的根本教理確實是「三世因果」的教義。如果不清楚地理解三世因果，就絕對無法明白佛教的教義。

首先，所謂「三世」是指過去世（前世）、現在世（今世）、未來世（來世）。

「過去世」說的是我們出生以前的所有過去。「現在世」是指從出生直到死亡為止。「未來世」指的是死後永恆的未來。

佛教說：我們每一個人，都有著悠久的過去和永恆的未來，也就是說，我們的生命都貫穿著過去、現在、未來這三世。

也許有人會說：「什麼前生後世，根本就不存在。」但是，我們出生來到這世上，就是一個毋庸置疑的「結果」。這個結果，為什麼會產生出來呢？

我為什麼不是生在擁有十三億人口的中國，而是出生在只有一億兩千萬人口的日本呢？同樣是出生在日本，有人出生在德川時代，有人出生在明治時期，也有人出生在現代社會，還有很多年輕人由於出生在大正、昭和年代，在第二次世界大戰期間被強行送上戰場，如螻蟻一般枉送了性命。他們如果出生在和平的年代，一定會有一個完全不同的人生。

地球上有七十億人，每個人出生的時間地點、容貌才能都各不相同。這些左右我們一生的重要因素，到底是由什麼決定的呢？

關於此事，釋迦牟尼佛這樣教導：

汝等，欲知過去因，當看現在果。欲知未來果，但觀現在因。

想知道自己過去曾種下什麼樣的因，就要看現在的結果。想知道未來會有什麼樣的結果出現，只要看現在種下的因，就會明白了。

也就是說，只要看現在，就會通曉過去和未來，因為悠久的過去和永恆的未來，都包含於現在之中。

根據釋尊的教義可以明確知道，每個人出生時的結果各不相同，那是因為七十億人在出生之前，都有著各自不同的原因。

「善因善果、惡因惡果、自因自果」，就是遵循著這嚴格的因果道理，過去世的行為產生出了自身現在的境遇。

當然，有過去世，就有未來世。如果主張沒有來生，就不得不承認因果的道理會有例外。

比方說，某人殺了兩個人，被判處死刑。如果說，殺死兩人的罪行（因）

要以一次死刑（果）來抵償的話，那麼殺死了十個人的罪犯，就要被執行五次死刑。然而事實上，對一個人執行五次死刑是不可能的事情。所以如果沒有來世的話，殺死了兩個人之後，無論再多殺幾個人，結果都將是一樣——只會被處以一次死刑。

原因不同，結果就會不同，這才是因果的道理。日薪一萬日圓的工作，做了一百天，就應該拿到一百萬日圓的報酬。如果做一天賺一萬日圓，做一百天還是只能拿到一萬日圓，這種工作是沒有人肯做的。這樣的道理是不言自明。

「即使原因不同，結果也會一樣」，這種主張是不知道貫穿三世十方的「因果道理」的荒謬之言。現在世的行為，其結果即使不在今生顯現，也一定會在未來世顯現出來。所以佛教說，「三世因果」是貫穿三世十方的真理。

正確地理解了佛教「三世因果」的道理，就會得知「現在」是何等重要。

前文說過，過去世是指我們出生以前的所有過去。然而深究細敲就會知道，所謂「過去世」，也是去年，是昨天，是一個小時之前，是剛剛呼出去的一口氣；而「現在世」實質上就是今年、今天、現在這一個小時、此刻的一口氣。同理，「未來世」則是明年、明天、下一個小時，即將吸進來的一口氣。

所以佛教說，所謂三世，其實就包含在一呼一吸之中。

念念之中，包含著三世。

因此，如果徹底知曉了現在的「一念」❶，就能清楚得知在曠劫❷之間流轉輪迴❸直到今天的自己，也會得知未來的「一大事」。

以下這句善導大師❹的話也清楚地說明了這一點：

深信自身現是罪惡生死凡夫，曠劫已來常沒常流轉，無有出離之緣。

我明確知道了：現在的我是一個罪惡至極之人，而且從久遠的過去以來一直沉沒於苦海，未來直到永遠都不可能得到拯救。

由此可知，如果現在沒有得到拯救，未來也就無法得救。所以開顯了佛教真髓的親鸞聖人教導世人：彌陀❺的救度是「現生（現在）不退」❻「平生

（現在）業成」❼「不體失（現在）往生」❽。聖人會特別強調現在的拯救，這也是理所當然的。

譯註

❶一念：最短暫的時間。彌陀賜予的信心。

❷曠劫：無止盡的漫長時間。

❸流轉輪迴：無止盡地痛苦、迷惑。

❹善導大師（六一三～六八一）：約一千三百年前的唐朝僧侶，中國淨土宗的集大成者，親鸞聖人最尊敬的人之一。

❺彌陀：即阿彌陀佛。大宇宙中所有佛的老師，佛經中稱之為「諸佛中之王」。阿彌陀佛許下了「一定要拯救所有人，使其得到絕對幸福（成為死後必往淨土之身）」的諾言，這被稱為阿彌陀佛的本願。詳見第十一問。

❻現生不退：在今世獲得圓滿的拯救，得到絕對幸福。
❼平生業成：在活著的時候，成為死後必能往生淨土之身，達成人生終極目的。
❽不體失往生：在活著的時候，獲得絕對幸福。

5 這種事情也是前世的宿業嗎？

請問

經常看到報紙等媒體報導，有兒童因歹徒行兇或是交通事故等喪生，我覺得他們非常可憐。這樣的事情在佛法中，也被歸結為是前世的宿業❶造成的結果嗎？如果是的話，我覺得也太冷酷無情了。

回答

看到天真無邪的孩子無緣無故被殺，會感到無法容忍，這一點我與您深有同感，總是覺得心痛不已。

但是，您所說的「難道這樣的事情，在佛法中也被歸結為前世的宿業嗎」，這種對佛法的不滿，卻是無法令人苟同的。

眾所周知，佛法是釋迦牟尼佛一生的教導。

而佛法的根幹，就是貫穿三世十方的因果的道理。這一點只要看一切經就能明白。

所謂因果的道理，是指「種下了種子，必然會出現結果」，「不種下種子，絕不會出現結果」。

而且，因與果的關係，是善因善果、惡因惡果、自因自果的關係。釋尊徹底地教導我們，這是無論何時、何地都不會改變的，不僅是現在世，也包括過去世、未來世，是貫穿三世都成立的道理。

關於此事，在佛經中有如下記載：

欲知過去因，當看現在果。欲知未來果，但觀現在因。

——釋迦牟尼佛

想要知道過去種下的因，只要看現在出現的結果就會清楚。如果想要知道未來的命運，只要看現在種下的因就會明白。

這裡的「因」指的是「行為」，「命運」指的是「結果」。

也就是說，現在世的結果，是由過去世種下的因（行為）所產生出來的，而現在世種下的因，又會決定未來世的結果（命運）。

這就叫做三世因果。而相信佛教，就是相信三世因果的教義。

但是在這裡，我們一定要知道一件事情，那就是：雖然通常都說「因果的道理」，但正確的說法應該是「因、緣、果」的道理。

佛教告訴我們，所有的結果，都是因與緣相結合而產生出來的。

舉例來說，「稻米」這個結果的因是稻種，而溫度、空氣、土壤等就是緣。

僅靠稻種這個「因」，或者單靠空氣、土壤、溫度、濕度等「緣」，是無法產生稻米的。

只有當這些因與緣結合時，才會產生「稻米」這個結果。我們不該忘記，所謂因果的道理這個說法，其實是將「緣」含括在「因」之內的簡稱而已。

在東京，曾發生過歹徒在街頭濫殺路人，造成數人傷亡的事件。遇害者中，甚至包括坐在嬰兒車裡的嬰兒，令人極為震驚。

很多人都為之嘆息，說：「那麼小的孩子，到底有什麼罪過……」您大概也會覺得：「連這種事情也被歸結為嬰兒過去世的業的話，未免太冷酷無情了吧。」這種心情我完全可以理解。

但是，與那個嬰兒一點關係也沒有的事情，是不可能發生在他身上的。

事實上，當時還有很多剛好也在現場的孩子，然而他們卻並沒有遭受同樣的結果。為什麼只有那個嬰兒身上發生了這樣的慘劇呢？

嬰兒之所以會得到這樣的結果，是由於他在那個時間經過了那個地點，而這無疑是源於嬰兒自己過去的業因。

嬰兒自身的「因」，再加上歹徒行兇這個「緣」，就導致了悲慘的「結果」。

那麼，為什麼有很多人在相同的時間經過了相同的地方，卻沒有遇到這種悲慘的命運呢？那是因為他們雖然也遇到了歹徒行兇這個「惡緣」，然而他們自身卻沒有在當時被殺害的「因」。

當然，像歹徒這樣的惡緣，必須給予嚴厲的懲處，而且我們也一定要竭盡全力，杜絕一切的惡緣。

而人們之所以會誤解佛法，認為：「這樣的事情，在佛法中也被歸結為前世的宿業，佛法實在是太冷酷無情、沒有慈悲、聽天由命了吧。」這是由於他們把因與緣混為一談了。

希望您能正確了解因與緣的關係，同時也希望您能明白，佛教講說因果的道理，並不是毫無慈悲地將人們拒之門外，也不是要人聽天由命，而是為了使我們早日得遇彌陀絕對的救度，使苦惱的人生轉化為歡喜法悅的人生。

譯註

❶宿業：前世的行為。

6 佛教會不會使人不求上進？

請問

我的父母經常去寺院聽法，總對我們說「達觀、放下」什麼的。我覺得這是一種消極的人生態度，是「放棄主義」，會使人們放棄追求、不求上進。如果佛教的教義是教人放棄追求，那麼我是沒什麼興趣聽的。

回答

的確，時而會聽到一些佛教徒說「達觀、看開、放下」等等。有的人由於不能夠正確地理解這些詞語的涵義，誤以為佛教是消極頹廢的放棄主義，但這種認知是完全錯誤的。

日語中，有一個演化自佛教用語「諦觀」的詞，也受到了類似的誤解。

「諦」譯自梵語「satya（薩蒂亞）」，是真理、明理的意思，「觀」就是看的意思，所以諦觀的原意是「明確地看真理」。

但是諦觀這一佛教用語受到誤解，在日本逐漸演化成「斷念、死心」的意思。❶

比如說，有人會對丟了錢包而苦惱的人說「你諦觀吧」，這就是說「你趕快死心，忘了這件事吧」。

若是這種情況，那正如您所說，是一種放棄主義，使人們不想再努力進取，也就不會再有進步與發展。

如果有了油燈人們就放棄了追求，那就不會有今天明亮的電燈、螢光燈。如果有了收音機人們就放棄了進取，那就不會製造出今天的電視機。

如果覺得自己就是現在這個樣子，再也無法成長了，那麼這個人就不會再有所進步與提昇。

的確，這樣的放棄主義會扼殺我們的上進心。

但是，佛教所教給我們的諦觀，是與之完全相反的涵義。諦觀是叫我們明確地看大宇宙的真理——因果的道理，所以，這是促使我們無止境地進步、向上，不斷積極進取的教義。

所有的學問，都是立足於因果的道理之上，經過追究調查原因，才有了今天的進步與發展。

在日常生活中也是。如果錢包弄丟，不去弄清楚丟失錢包的原因，就有可能再次由於同樣的原因造成相同的結果。反之，查明丟失錢包的原因，就會盡力防止犯下同樣的錯誤，這會使我們無限地成長、進步。

佛教在世間受到很大的誤解，這也是其中一例。要知道，佛教絕非有氣無力的放棄主義，反之，是非常積極的進取主義，希望您能明白這一點。

譯註

❶日語中的「放棄」，漢字就寫成「諦」。

7 用一句話來說，佛教的教義是什麼？

請問

用一句話來概括的話，佛教的教義是什麼呢？

回答

從前，中國有位總是在樹上坐禪冥想的高僧，名叫鳥窠❶。

有一天，著名的儒家學者白居易從樹下經過，看到在樹上冥想的僧侶，就想嘲弄他一下。

「和尚呀！你在那麼高的樹上閉目而坐，不危險嗎？」

鳥窠立刻回敬道：「說這種話的你才危險。」

白居易覺得這個和尚很不簡單，就問他：「我是一介無名之輩，儒生白居易。請問高僧大名？」

「我是無名的和尚，鳥窠。」

聽到鳥窠的名字，白居易大吃一驚。這就是那位大名鼎鼎的鳥窠禪師啊！白居易一直想了解佛教，於是向禪師敬禮問道：「在此地得見高僧，實在幸會。我想請教一下，佛教的教義到底是什麼呢？您能用一句話指點我嗎？」

鳥窠禪師應聲答道：「諸惡莫作，眾善奉行。這就是佛教。」

白居易聽了以後，嗤然冷笑道：「這種道理，三歲小孩都知道。」

鳥窠禪師立時大喝：「三歲孩童都知道，八十老翁行不得。」

如果知道卻不實踐的話，那就等同於不知道。

貫穿著整個佛教的教義，就是因果的道理。

善因善果、惡因惡果、自因自果，這是貫穿三世十方的真理。立足於這個真理之上，勸人廢惡修善是理所當然的事。

「廢惡」的教義是指：「在自己身上所發生的不幸和災難，全都是自己種下的惡因產生出來的（惡因惡果、自因自果）。如果不想遭遇不幸，就不要去作惡。」

「修善」的勸導則是：「自己所得到的幸福，全都是自己種下的善因產生出來的（善因善果、自因自果）。所以，如果想得到幸福，就要行善。」

任何人都厭惡不幸、追求幸福，所以佛教勸導所有的人「廢惡修善」。

那麼，什麼樣的事情是善，什麼樣的行為又是惡呢？佛教以十善❷、十惡❸等等做了詳細的教導。

所以，我們首先必須認真地聽聞佛教的教義。

譯註

❶鳥窠（七四一～八二四）：中國唐代的禪僧。

❷十善：與「十惡」相反的十種善行。

❸十惡：佛教中，將人的惡總結成十種教給我們。

貪欲——沒有就想要擁有，有了又渴望更多，這種永遠不知滿足的貪得無厭的心。

瞋恚——欲望受到阻礙時，所產生的憤怒之心。

愚痴——嫉妒他人的幸福，或對他人的不幸感到幸災樂禍之心。

綺語——說違心的恭維話，欺騙對方的言辭。

兩舌——兩面三刀，讓原本親近的人之間產生裂痕，使之關係惡化。也稱為「離間語」。

惡口——惡語中傷，說對方壞話。傷害他人的話語。

妄語——捏造毫無根據的謊言，使對方痛苦。

殺生——殺害生命。

偷盜——盜取他人的所有物。也包括擁有與自己身分不符的東西、占用他人的時間等。

邪淫——不正當的男女關係。

8 佛是什麼？

請問

對於佛教，我雖然有種親切感，但是對其教義卻一點都不了解。聽說所謂佛教，就是佛所講說的教義。那麼，請問「佛」是什麼意思呢？

回答

所謂佛，指的是證得了至高無上的覺悟之人。

說起「覺悟」，一共有五十二個位階。這五十二個位階，各自都有其名稱。第一位名為「初信」，第二位名為「二信」，以此類推，第十位名為「十信」。接下來的第十一位名為「初住」，第十二位名為「二住」，同樣以此類推，第二十位名為「十住」。

再往上歷經第三十位「十行」，第四十位「十迴向」，第五十位「十地」，之後到達第五十一位「等覺」，最後是第五十二位「妙覺」。其中，只有「妙覺」，即最高的第五十二段，才被稱為「佛覺」。因為沒有比佛覺更高的覺悟了，所以又稱其為「無上覺」。

佛教中所說的「覺悟」，是指證悟大宇宙的真理。說起真理，既有數學方面的真理，也有科學上的真理，然而佛教所說的真理，指的是能夠使所有人獲得真實幸福的真理。

開悟可以比喻為登山，登山時，爬得越高，看到的景色就越遼闊，當最後登到山頂的時候，四面八方的景色就可以盡收眼底了。

所以，只有證得了至高無上的佛覺之人，才能夠體悟大宇宙所有的真理。

佛經中說，要登上這五十二級開悟的階梯證得佛覺，需要修行「三大阿僧祇劫」❶那麼漫長的時間。

連有名的八宗祖師、被稱為小釋迦的龍樹菩薩❷，還有無著菩薩❸，都只到達了名為初地的第四十一段。並且，到達這第四十一段的人，從古至今，除了龍樹和無著之外別無他人。

中國天台宗的祖師，法號智顗[4]，他在臨終時，被弟子智朗問及：「師父位於何處？」智顗回答：「吾不領眾，必淨六根，以損己益他，但位居五品。」

意思是說：「我為了指導弟子花費了很多時間與精力，所以僅開悟到十信位之下的五品弟子位。」

而智顗曾師事的南嶽慧思[5]，也僅到達了十信位，即六根清淨位。

從十信位還要歷經十住、十行、十迴向、十地這四十個階位才能到達等覺、妙覺（佛覺），由此可知，開悟佛覺是多麼遙不可及的事情。

在我們這個地球上，到達了無上覺，開悟成佛的人就只有釋迦牟尼佛一位。所以說釋迦之前無佛，釋迦之後迄今為止，也再無佛出現。

而這位釋迦牟尼佛在一切經中，把阿彌陀佛讚譽為本師本佛[6]，並向其合掌禮拜。由此可知，阿彌陀佛才是佛中之王、最為尊貴的佛。

譯註

❶三大阿僧祇劫：阿僧祇是梵語，意為無量。劫也是梵語，表示極其漫長的時間。

❷龍樹菩薩：出生於距今約一千九百年前，印度人。為佛教諸宗所尊敬，被稱為「八宗之祖、小釋迦」。

❸無著菩薩：出生於公元四世紀左右，印度人。

❹智顗（五三八～五九七）：中國南北朝至隋朝時期的僧侶，天台宗創始人。

❺南嶽慧思（五一五～五七七）：中國南北朝時代的僧侶，天台宗的先驅人物。

❻本師本佛：大宇宙中無數佛的老師。

9 釋迦牟尼佛講說佛法的目的是什麼？

請問

釋迦牟尼佛講說佛法的目的是什麼呢？

回答

世界文化史的權威赫伯特・喬治・威爾斯❶把釋迦牟尼佛列為世界偉人之首，他說：「公平地說，無論從哪一點來看，世界上最偉大的人，都非釋迦牟尼佛莫屬。」

德國的海勒爾教授❷盛讚道：「釋迦牟尼佛是世界上最偉大的宗教家，是世界之光。」

無論是列舉世界上的三大聖人，還是兩大聖人時，釋迦牟尼佛都是被列在首位。

釋迦牟尼佛原本是印度迦毗羅衛城的國王淨飯王的長子，在開悟佛覺之前，被稱為悉達多太子。

悉達多太子一出生，就擁有最高的社會地位、名譽和財產，而且他深受父母的寵愛，一生都會在這種優越的環境中過著順心如意的生活。太子十九歲時，和國內第一美女耶輸陀羅結婚，第二年生下兒子羅睺羅。並且，太子居住在春夏秋冬四季宮殿之中，宮裡有五百名美女服侍，享受著奢華至極的生活。

我們夢寐以求的所有一切，悉達多太子都擁有了。而我們為了能得到其中的哪怕任何一項，每天每天，都在勞累奔波，辛苦追求。

然而，悉達多太子卻發現這樣的生活並不能使自己的心靈得到滿足，他對自己如此飢渴的靈魂感到萬分驚訝。於是，在二十九歲那年的二月八日，太子突然拋棄了所有的名譽、地位、財產，還有妻兒，離開王宮，成為了一個入山學道之人。

「這個世上所有的一切都不會常住，終有一天會衰敗，終有一天會滅亡。

歡樂極兮哀情多。快樂的陰影中，無常的聲響在隱約迴盪，美女所奏的弦歌，唯以欲望迷惑世人。

「人生充滿苦惱，如猛火，如浮雲，如夢幻泡影。雖愛戀青春，但所有的一切卻終將被老、病、死所摧毀。」

釋迦牟尼佛洞察了人生的實相，意識到常住不變的絕對的幸福，才是所有人追求不已的目的。那麼絕對的幸福是什麼？它又在哪裡呢？為此，釋迦牟尼佛辛苦修行了六年，最終在三十五歲那年，十二月八日這一天，大徹大悟，成為了佛陀。

此後，直到八十歲那年的二月十五日入涅槃❸為止，釋迦牟尼佛一直在宣說佛法。

四十五年間釋尊所講說的教義都被記錄下來，這就是所謂的一切經。

所以，一切經的數量非常龐大，共有七千多卷。然而釋迦牟尼佛出世的本懷唯有一個，那就是開顯阿彌陀佛的本願。

關於這件事，有種種明確的證據。

在講說了阿彌陀佛本願的《大無量壽經》❹中這樣記載：即將要講說彌陀本願的時候，釋尊鄭重地宣告：「現在，我要講說我的出世本懷。」此時，他進入彌陀三昧❺，現五德之瑞相❻，令弟子們驚嘆不已。

並且，在《大無量壽經》的最後，釋尊說道：「特留此經。」預言說：「講說彌陀本願的這部佛經（《大無量壽經》），在所有經典都消失的時候也會留存下來，拯救一切眾生，使人們獲得真實的幸福。」

講說完彌陀本願之後，釋迦牟尼佛十分滿意，欣喜地說：「如來所應作者，皆已作之。」

所以，釋迦牟尼佛一生的教義，全部都包含在阿彌陀佛的本願之中。而我們要報答釋尊的大恩，唯有聞信❼彌陀的本願，獲得絕對的幸福這一條路。

希望大家切記，釋尊一生的苦勞會不會付之東流，就取決於我們能否得遇彌陀的救度。

譯註

❶赫伯特・喬治・威爾斯（一八六六～一九四六）：英國著名小說家、文明批評家。
❷海勒爾（一八九二～一九六七）：德國的宗教學者。
❸入涅槃：此處指釋迦牟尼佛圓寂之意。
❹《大無量壽經》：釋迦牟尼佛所講說的七千餘卷佛經中，唯一的一部真實之經。其他佛經都是方便之經，是為講說《大無量壽經》所做的鋪墊。
❺彌陀三昧：彌陀即阿彌陀佛。集中所有心念於彌陀一佛。
❻五德之瑞相：五種奇特而殊勝的形相。
❼聞信：聽到阿彌陀佛的本願並清楚知曉「這是真實的」。

10 佛教是唯我獨尊的教義嗎？

請問

聽說釋迦牟尼佛誕生的時候曾說：「天上天下，唯我獨尊。」請問佛教是那種唯我獨尊的教義嗎？

回答

這是在世間受到嚴重誤解的佛教詞語之一。的確，相傳釋迦牟尼佛在誕生的時候，曾經一手指天，一手指地，說道：「天上天下，唯我獨尊。」關於這句話，很多人都理解為「這個世上唯有我是最偉大、最尊貴的人」，因此認為釋迦牟尼佛妄自尊大、自以為是。

所以，人們看到某人蔑視他人而驕傲自大時，就會說：「那個人唯我獨尊。」

然而，釋迦牟尼佛所說的「天上天下，唯我獨尊」，並不是那種狂妄自大、目空一切的涵義。

「唯我獨尊」的「我」字，說的並非僅僅釋迦牟尼佛一人，而是指我們所有的人。但凡是人，都和釋尊一樣，是「天上天下，唯我獨尊」的，所以每個人都可以這樣說。

那麼，「獨尊」是怎麼回事呢？這並非「唯獨我一人尊貴」的意思，而是指「獨一無二的尊貴使命」。

所以，「天上天下，唯我獨尊」是說，在這廣闊的天地之間，有一個唯有我們人才能夠達成的、獨一無二的神聖目的，我們就是為了達成這個目的而誕生的。

在《正信偈》❶中，親鸞聖人告訴我們，釋迦牟尼佛出生在地球上的唯一目的：

如來所以興出世，唯說彌陀本願海。

——《正信偈》

釋迦牟尼佛出生來到世上的目的，就是為了教導人們彌陀的本願這一件事。

由此可知，釋尊的「唯我獨尊」，就是講述使所有人都能獲得絕對幸福的阿彌陀佛的本願。

「我出生來到這世上的唯一目的，就是為了講說大宇宙中獨一無二的彌陀本願。」釋尊這種崇高的大使命感，化作了他「天上天下，唯我獨尊」的宣言。

通過親鸞聖人的話語，我們已經知道，釋尊的「唯我獨尊」就是「講述彌陀本願」這唯一的神聖使命。那麼，全人類可以自稱「唯我獨尊」的人生目的又是什麼呢？

不清楚知曉自己生而為人的目的之人，絕不能說是「天上天下，唯我獨尊」。

人身難得今已得，佛法難聞今已聞，此身不向今生度，更向何生度此身。大眾皆應，至心歸依三寶❷。

——釋迦牟尼佛

得到了難以得到的人身，聽到了難以聽到的佛法，這真是太好了！在今生無論如何都要解決生死一大事❸，否則要等到哪一生才能解決呢？永遠的機會就只有現在。大家啊！務必要認真聽聞佛法。

正如釋尊的勸導，所有人出生而來的唯一目的，就是聞信彌陀的本願，獲得絕對的幸福。

當達成人生終極目的❹的時候，所有人都會忍不住向著蒼茫的天地高喊：

「天上天下，唯我獨尊！」

讓我們以此為機緣，深刻地思考一下：「僅有一次的人生，我們應該為了什麼燃燒自己的生命？」

譯註

❶《正信偈》：親鸞聖人為闡明阿彌陀佛的拯救而寫的詩歌。詳見書末附錄。

❷三寶：佛、法（佛所講的教義）、僧（正確傳播佛法之人）之三寶。

❸生死一大事：「死後會怎樣」這個重大的問題。

❹人生終極目的：所有人共通而唯一的目的。

11 阿彌陀佛的本願是怎麼回事？

請問

我從來沒有聽過佛教，現在生病了，一想到死就非常害怕，不知道死後會怎麼樣。請問，阿彌陀佛的本願是怎麼回事呢？

回答

阿彌陀佛是大宇宙中至高無上的佛，釋迦牟尼佛尊稱其為本師本佛。

就好比只有原子物理學家才能了解微小的原子世界，佛的境界，也只有具有佛智的佛才能夠明白。

在這個地球上，證得了佛覺的就只有釋迦牟尼佛一位，釋尊之前無佛，釋尊入涅槃之後迄今為止也沒有佛再出現。

大約兩千六百年前，釋迦牟尼佛在三十五歲那年的十二月八日開悟成佛，此後直到他八十歲那年的二月十五日入涅槃為止，四十五年之間，講說了七千多卷的經典，這些經典被統稱為一切經。在一切經中出現了很多大宇宙中諸佛的名字，而其中提到最多的就是阿彌陀佛。

「諸經所讚，多在彌陀」，連天台宗第六祖荊溪❶和尚都這樣驚嘆。

佛經中稱阿彌陀佛為「諸佛中之王」「最尊第一之佛」「諸佛中之極尊」等，告訴我們阿彌陀佛是十方諸佛中至高無上之佛。

大日如來、藥師如來、釋迦如來等大宇宙中的諸佛，都敬仰阿彌陀佛為本師本佛。

蓮如上人❷在《御文章》❸中寫道：

稱彌陀如來者，乃是三世十方諸佛之本師本佛。

——《御文章》第二帖

阿彌陀如來是大宇宙中無數之佛的老師、師父。

那麼，阿彌陀佛的本願是怎麼回事呢?本願又叫做誓願，就是諾言的意思。

下面針對阿彌陀佛所許下的諾言稍作解釋。

所有人都是煩惱具足❹之身，因此苦惱連綿不斷。沒有金錢、地位、妻子、兒女等等，會因為沒有它們而苦惱；一旦擁有，又因為它們而生出別的苦惱。阿彌陀佛看到我們歸根結柢難逃痛苦，因而發起了大慈悲心，無論如何都要拯救我們，使我們得到絕對幸福。

於是，阿彌陀佛許下了斬釘截鐵的諾言：「無論什麼人，都要相信我，我必定予以拯救，使其獲得絕對的幸福。如果不能做到的話，我就拋棄自己的生命。」

因為是如此偉大的本願，所以親鸞聖人在《正信偈》中寫道：

建立無上殊勝願，超發希有大弘誓。

——《正信偈》

阿彌陀佛立下了十方世界中獨一無二、至高無上的本願。

無論什麼人，於信彌陀本願之「一念」，都能夠如諾言所說，得到彌陀的救度，獲得絕對的幸福，死後往生彌陀的淨土❺。

譯註

❶荊溪（七一一～七八二）：中國唐代的僧侶。

❷蓮如上人（一四一五～一四九九）：親鸞聖人的後裔，將親鸞聖人的教義傳遍日本全國的淨土真宗中興之祖。

❸《御文章》：蓮如上人所寫的書信。

❹煩惱具足：煩惱是指貪、瞋、痴等一百零八個令人感到煩擾苦惱之心。煩惱具足即「百分之百由煩惱所構成」之意。

❺淨土：阿彌陀佛所在的清淨的世界。

12 什麼地獄、極樂，都是虛構的吧？

請問

死後下地獄或者去極樂世界什麼的，這些事情古代的人或許能相信，但是對於今天的我們來說，那不都是神話故事嗎？怎麼可能相信那種事情呢？

回答

我先講一個故事。

鰻魚們在魚槽裡談話：

「今天為什麼吵吵鬧鬧地，聚了這麼一大群人過來啊？」

「聽說今天叫什麼丑日❶，是人類大吃特吃我們鰻魚的日子。」

「簡直胡作非為！『人類』算什麼東西？這種事太荒謬了。」

「但聽說我們的宿命，就是要被人類吃掉呀。」

「可是，並沒有誰回來，說過這些話呀。」

「你看，又有一條被抓住，給帶走了。」

「那是帶他去散步了吧？晚點就會回來的。」

「哪有！聽說被撈出去之後，腦袋會被鐵錐釘在砧板上，接著被開膛破肚，砍成三塊，串起來放在火上煎烤。而且再怎麼怨恨詛咒，語言不通，他們也聽不懂。那掌廚的是魔鬼，吃的人也是魔鬼。聽說吃的時候，還要把我們大卸八塊，怎麼可能回得來啊！」

您的提問，讓我想起了這樣一幅情景。

人類之中，也有那些自以為是的人，半開玩笑地說什麼：「死後會下地獄，受小鬼們的折磨？怎會有這麼荒唐的事情？什麼妖魔鬼怪，把牠們帶來給我看看！我不捻死牠們才怪呢！什麼地獄啦小鬼啦，有誰見過了嗎？有誰從地獄回來報告過嗎？」

或是：「人死了，身體被燒成灰燼，靈魂也就同時消失了。別為那些荒誕不稽的事情提心吊膽，快快樂樂地吃喝玩樂不就行了？」

還有人嘲弄說：「死的時候再說吧！聽說很少有人去極樂世界，所以通往極樂的路上長滿了雜草。而結伴下地獄的人特別多，踩得路上寸草不生。所以向著草多的方向走，就能到極樂了。」

也有人滿不在乎地嘲笑說：「就算下了地獄，也不是只有我一個人受苦，有那麼多人作伴，不是挺熱鬧的嗎？」

但是，請試想一下，在船沉沒的時候，又有誰會說「反正船上不只我一人，那麼多人都掉進海裡掙扎著，所以我並不痛苦」呢？

人世間有種種苦難，有人被海嘯捲走，有人遭遇火災，有人失去愛人，有人痛失獨子，有人公司倒閉，有人下落不明……我們能說這些苦難本來就是世間常有的，所以降臨到自己的頭上也無所謂嗎？處於那悲慘的境地之時，痛苦的不就是自己嗎？

信口開河地說出剛才那些話的人，當生活在一起的親人突然離世的時候，就會想：「他到底去哪裡了呢？再也不能見到他了嗎？」自然而然地對「人從何處來，向何處去」這個人生的根本問題產生疑問。

所有的人，都不知來時路，也不知去時途。光溜溜地來，又赤裸裸地走。呱地一聲誕生到世上，眨眼之間就要呻吟著離去。從生到死，不過是在廁所和廚房之間循環往復。直到嚥下最後一口氣為止，都在為輸了贏了，得了失了，多了少了，賠了賺了而耗盡心力四處奔波。人們你推我擠、爭先恐後，到底是要奔向何方呢？

如果只是因為看到別人在跑，所以自己也不甘心落在人後的話，結局只會精疲力盡，累死路旁。

唯有佛法之路，才是通往無量光明土❷的真實之路。

我行精進，忍終不悔❸。

讓我們在這條路上一心一意地努力前進吧！

譯註

❶丑日：原意是指十二地支當中的「丑日」。這裡特指立秋前十八天當中的那個「丑日」，在這一天，日本各地有吃烤鰻魚的習俗。

❷無量光明土：無限光明的世界。阿彌陀佛的極樂淨土。

❸我行精進，忍終不悔：《大無量壽經》中的話語。意為「直到成就大願為止，不斷地努力精進，無論遭遇任何苦難都一心忍耐，絕不後悔」。

13 阿彌陀佛的極樂淨土是什麼樣的地方？

請問

我的祖母非常熱衷於去寺院拜佛、聽聞佛法。問她為什麼聽聞佛法，她說是因為死後想去極樂世界。極樂世界到底是什麼樣的地方呢？

回答

聽聞佛法的終極目的，就是去往阿彌陀佛的淨土成就佛覺，所以您想知道關於極樂淨土的事情是理所當然的。

在佛教裡，將我們人所居住的世界叫做「穢土」，而阿彌陀佛所在的世界叫做「淨土」，也被稱為「極樂淨土」。

親鸞聖人教導我們，活著的時候被彌陀所救的人，死後必能前往極樂淨土，得到與阿彌陀佛同樣的佛覺。

那麼，極樂淨土是什麼樣的世界呢？

在《佛說阿彌陀經》裡，釋迦牟尼佛這樣告訴我們：

其國眾生，無有眾苦，但受諸樂，故名極樂。

——《佛說阿彌陀經》

生在阿彌陀佛極樂淨土裡的人，不會遭受任何痛苦，只有各種各樣的歡樂。所以被稱為極樂。

接下來，釋尊又這樣描述極樂淨土的諸樂：

在極樂淨土裡，「七寶池」❶隨處可見。池中充滿了八功德水❷，清澈透亮，池底布滿了金沙。

池中蓮花盛開，大如車輪。蓮花有青、黃、紅、白等多種顏色，各自綻放青光、黃光、紅光、白光，光色絕妙，香氣純潔。

四邊的台階上，全都裝飾著金銀珠寶。拾階而上，眼前聳立著宮殿樓閣，亦以金、銀、琉璃、瑪瑙等珠寶裝飾，莊嚴無比。空中一直迴盪著動聽的天樂，還不時有妙花飄落。

清涼的微風不斷吹來，以寶石妝點的樹木和網狀飾物等隨風搖曳，發出玄妙的樂音，猶如幾千種樂器同時在演奏一樣。

極樂淨土中還有鸚鵡及迦陵頻伽❸等各種鳥類，牠們以和悅柔美的聲音講說著尊貴的佛法，聽到的人無不從心裡生出歡喜。生活在極樂淨土裡的人們，每天都穿著應法的妙衣❹，吃著百味飲食，歡樂無比。

在經文裡，釋尊極盡言辭，為我們形容極樂淨土的殊勝。

我們一定要知道，如果就這樣囫圇吞棗地理解極樂淨土，懷疑甚而嘲笑這些都是騙孩子的童話故事，那就愚蠢至極，偏離佛意太遠了。

總而言之，我們所知道的快樂，全都是一時的快樂。比如吃到美食、賺了錢、受到誇讚、有了戀人、結了婚、考上大學、買了房子等等。但是這些快樂不久都會變質，成為痛苦或悲傷。

一旦遭遇地震、海嘯、颱風或是火災，這些快樂會在一瞬之間失去，朝不保夕。即使能持續一段時間，到了臨終的時候，也會百分之百消失殆盡。

要讓只知道這種快樂的我們理解極樂淨土的快樂，比起讓魚類去理解火與煙霧的存在，或是對小貓小狗講解電視、手機的構造，還要更加不可能。

即使是像釋尊那樣的大雄辯家也難以做到，所以釋尊有時會說「不可說」。

但是，如果只因講了也不會明白，就為此絕望而放棄的話，釋尊就無法完成將十方眾生引導至彌陀淨土的使命。

因此，釋尊才舉了我們見過、聽過、體驗過的那些可以想像的快樂，為的是讓我們了解極樂淨土的殊勝。

就像有人諷刺的那樣，「貓咪往生之淨土，宮殿皆由魚乾做，就連貓咪也驚嘆，稱念喵嗚阿彌陀」。對貓來說，這樣的淨土應該是最適當的引導方式吧。

佛教是釋尊於兩千六百年前，在炎熱的印度講說的教義。因此，使用符合那個時代與地域的比喻來講說佛法也是理所當然的。

汲取了釋尊真意的親鸞聖人，將彌陀的「極樂淨土」稱為「無量光明土」，就是指無限光明的地方。

如果確鑿無疑的未來，是那無限光明的無量光明土，那麼我們現在就會充滿了生命的歡喜，每一個瞬間都閃耀著光輝，活在「無礙之一道」[5]的世界裡。

這，就是我們人生的目的。

譯註

❶七寶池：用很多的寶石建成的水池。

❷八功德水：是指具有八種特徵的水。這八種特徵分別是：甘甜、清涼、柔軟、輕靈、清澈、無臭、飲用時不傷喉嚨、飲用後不傷腸胃。

❸迦陵頻伽：梵語音譯，意譯為妙聲鳥。佛教中所說的極樂淨土裡的鳥。

❹應法的妙衣：與佛法的教義相應的衣裳。

❺無礙之一道：指一切障礙都不成為障礙的幸福。絕對的幸福。

14

親鸞聖人為什麼說，我們應該為生而為人感到歡喜呢？

請問

佛教說，要為出生為人而感到歡喜，但我不僅不覺得歡喜，有時甚至還會怨恨把我生下來的父母。雖然自己也覺得不該有這種想法，卻還是無法為出生為人而感到高興。請問，親鸞聖人為什麼說，生而為人是難能可貴的事情呢？

回答

那些自殺的人，應該是和你一樣，沒有生命喜悅的人吧。但是，其實只要認真地思索人生，幾乎所有的人都會和你有同樣的感受。

正如你所說，佛教告訴我們，出生為人是極其難得的事情，所以要為之感到高興。

在《雜阿含經》中，講說了一個有名的盲龜浮木的譬喻。

有一次，釋迦牟尼佛問弟子：「如果說，在大海的深處有一隻盲龜，每隔一百年才浮出海面一次。在海面上，漂蕩著一根浮木，浮木的正中間有一個小孔。你們覺得這隻盲龜一百年一次浮出海面的時候，有沒有可能剛好把頭伸進那浮木的小孔之中呢？」

一位叫做阿難的弟子回答說：「這種事根本無法想像。」

釋尊接著說道：「無論是誰，都會覺得這是不可能的事情吧！但是，也沒有人可以斷言，在比幾億兆年都要漫長的歲月裡，這樣的事情絕對不會發生。而出生為人，是比這個譬喻所說的還要難得，還要稀有的事情啊。」

《涅槃經》中說：

生人趣者，如爪上土。墮三塗者，如十方土。

能夠出生為人的，就像指甲上面的沙子一樣稀少，而墮入三惡道（地獄、餓鬼、畜生這些痛苦世界）的，則如同大宇宙中的沙子那樣地多。

人身如此難得，而我們得以出生為人，那就是說，我們有著只有出生為人才能夠完成的重要目的。我們是為了完成這重大的使命生而為人的。

關於這件事，釋迦牟尼佛這樣說道：

人身難得今已得，
佛法難聞今已聞，
此身不向今生度，
更向何生度此身。

出生為人難，如今已經出生為人。能聽到佛法也難，現在已經得以聽到佛法。既然如此，無論如何都要在今生得到拯救。否則，要到哪一生才能夠得救呢？永恆的機會，就只有現在。

所謂「於今生度此身」（現在得救），又是怎麼回事呢？親鸞聖人告訴我們，那就是聞信阿彌陀佛的本願，於平生獲得絕對幸福。聖人還說，這樣的機會，幾億兆年也難以得遇一次。

正如親鸞聖人所說，只有聞信彌陀本願，獲得絕對幸福，才能真正明白出生為人的難能可貴。

不聽聞佛法，就不可能明白出生為人的真正喜悅。希望您聽聞佛法，直到得知生而為人的生命之歡喜。

15 親鸞聖人談人生的目的

請問

我時常會想，人生這麼痛苦，為什麼還要活下去？我到底是為了什麼辛苦地工作？請問，關於人生的目的，親鸞聖人是如何教導我們的呢？

回答

人為了什麼而活著？為什麼忍受著眾多的痛苦，也要努力工作？認真凝視人生的人，一定會像你一樣產生這些疑問。

若問為什麼要工作，大部分人都會回答說是為了吃飯。如果再問吃飯是為了什麼？對方就會回答說：「不吃飯就會餓死呀。」

那麼，只要有飯吃，就能永遠活下去嗎？面對這個問題，恐怕任何人都無言以對吧。

人為了活著而吃飯，為了吃飯而忙忙碌碌地上班工作。但是，活一天同時也是向死亡邁進了一天，這是無法否認的嚴峻事實。

儘管如此，絕大多數人卻無視這確鑿無疑的死亡，只考慮著怎樣才能生活得更好，在空想中打著人生的如意算盤。

「在這間公司工作幾年之後，就能升職做組長，再工作幾年就是科長，做得不錯的話，也許還能當上部長。但就算當了部長，也快到退休年齡了……退休金大約能拿到這個數目，可以拿來做點小生意，但這豈不是老了之後又要一切從頭開始嗎……唉，想想就鬱悶了。」

想到這裡，不由得對人生產生一絲絕望。

於是，有的人就認為「反正幾十年過後就得死去，還不如趁活著的時候盡情享受，想做什麼就做什麼」，於是喝酒、打麻將，試圖以此擺脫枯燥無味的生活，讓自己活得更加瀟灑痛快。

然而，那不過是一時的自欺欺人，並不能解決人生的根本問題。這樣的人，無法得到發自內心的安心和滿足，只能一直痛苦到人生的最後。

這時，佛緣❶深厚的人就會想「不能再這樣糊裡糊塗地虛度光陰了。這樣下去，自己不就等於為了死而活著嗎？不徹底明瞭人生的目的，死也不能瞑目」。這樣的人，就會開始認真地聽聞佛法，因為只有佛法才能明確地講說人生終極的目的。

創立佛教的釋迦牟尼佛，最初求法的動機也是為了探求人生的目的。他經過六年的艱苦修行，發現了本師本佛阿彌陀佛的存在，得知了阿彌陀佛立下的至高無上宏偉誓願——必定拯救所有人，使其得到絕對幸福。

事實上，無論什麼人，只要信順彌陀的本願，必定能獲得絕對不會崩潰的幸福。彌陀的本願正是所有人追求的終極目的。因此釋迦牟尼佛終其一生講說了彌陀的拯救這一件事。而親鸞聖人也同樣，一生都在弘揚彌陀的本願。

希望您也能聽聞並追求親鸞聖人教導的真實佛法，擁有一個幸福美好的人生。

譯註

❶佛緣：與阿彌陀佛的因緣。

16 親鸞聖人談「絕對幸福」

請問

親鸞聖人說，人生的目的是得到「絕對幸福」。請問，「絕對幸福」是什麼樣的幸福呢？

回答

佛教把幸福分為兩種，一種叫做相對幸福，一種叫做絕對幸福。

所謂相對幸福，就是指一時的歡喜或者滿足。這種幸福是不持久的，終有一天必然會轉化為痛苦或悲傷。

比如，與深愛的人終成眷屬的歡喜，住進了夢寐以求的新家的滿足等等。

相對的幸福，就是指那些我們在日常生活中汲汲以求的歡喜或是滿足。

然而，遺憾的是，像這樣的歡喜和滿足絕不可能永遠持續，它們在不久的將來必定會毀滅、消失。無論是和多麼出色的人結婚，都有可能會遭遇對方病倒、死亡的痛苦。也可能會因為對方變心而導致關係破裂、最終離婚，甚至在離婚時為爭奪財產而反目成仇。

這世間充滿了因丈夫去世而痛苦的人，因妻子死去而悲嘆的人，因子女不孝而憤怒的人……這些現實，早已將相對的幸福的破綻明明白白地擺在我們眼前。

有人用一生的血汗換來了得以安居的家園，卻不料在一夜之間全都化為灰燼，為此傷心悲泣。有人昨天還一家團圓，和樂融融，今天就因為交通事故或是飛來橫禍，飽嘗地獄般的痛苦悲慘……這些幸福，都是朝不保夕的無常幸福。即使得到了它們，也會由於害怕失去而總是被不安纏繞，所以從本質上來說，這些幸福並不能被稱為真正的幸福。

即使一生中沒有遭遇大禍，這些幸福能持續一段時間，面臨死亡之時，也必然會全部崩潰。更何況我們根本無法逃脫死亡的命運，所以絕不可能依靠這樣的幸福，得到發自內心的安心與滿足。

一旦站在死亡面前，金錢、名譽、地位、財產，還能給予我們什麼樣的歡喜和滿足呢？就算我們得到了這一切，也無法得到真正的安心與滿足，而我們卻還是為了追求這些幸福，終日汲汲營營、痛苦煩惱。

親鸞聖人教導我們，之所以會如此，是因為我們不知道真實的幸福——絕對幸福的存在，也不知道依靠阿彌陀佛的本願，任何人都能得到絕對的幸福。

並且，親鸞聖人終其一生教導我們，絕對幸福才是我們的人生目的，而阿彌陀佛的救度是達成這人生目的的唯一途徑。

那麼，絕對幸福是什麼呢？

親鸞聖人把絕對幸福稱為「無礙之一道」，並且告訴我們「無礙之一道」就是這樣的一個世界：

念佛者，無礙之一道也。若謂緣何？信心之行者，天神地祇亦敬伏，魔界外道亦不能障礙，罪惡之業報亦不感，諸善亦不及，故曰無礙之一道也。云云。

被彌陀所救而念佛之人，是一切障礙都不再成為障礙的幸福者。這是為什麼呢？因為得到彌陀賜予的信心的人，天地諸神也對其俯首敬仰，魔界外道之輩也無法加以阻礙，無論造下多大的罪惡也不以為苦，無論多麼殊勝的善行，其結果也無法企及，所以，是絕對的幸福者。

——《歎異抄》❶第七章

乘大悲願船，浮光明廣海，至德風靜，眾禍波轉。

——《教行信證》❷行卷

乘坐在阿彌陀佛建造的大悲願船上看到的人生苦海，不正是波光粼粼的光明廣海嗎？如同一帆風順的航海，活著是多麼美好啊。

聖人的這些話語，道破了什麼是絕對幸福。

自聞超世悲願後，
已非生死之凡夫，
有漏穢身雖不變，
而心暢遊於淨土。

——《帖外和讚》❸

自從被彌陀的本願所救，就已經不再是迷惑的人了。雖然欲望、憤怒、嫉妒、瞋恨等煩惱❹一點都沒有改變，心卻如同在極樂世界裡暢遊一般。

以上這段話，也是親鸞聖人對於自己獲得了絕對幸福的一大宣言。

親鸞聖人教導我們，那些認為絕對幸福不可能存在的人，只是因為還不知道阿彌陀佛的拯救之偉大而已。

譯註

❶《歎異抄》：日本古典名著。據說由親鸞聖人的弟子唯圓編著，其中寫有他記錄下來的聖人的話語。

❷《教行信證》：親鸞聖人最重要的著作。

❸《帖外和讚》：親鸞聖人所寫的讚嘆阿彌陀佛之拯救的詩。

❹煩惱：貪、瞋、痴等一百零八個令人感到煩擾苦惱之心。

17 得到自己想要的東西，就會死而無憾了嗎？

請問

我覺得人的一生只要能得到自己想要的東西，盡情地做自己喜歡的事情，就會死而無憾了。不是這樣嗎？

回答

「追求樂趣人生，享受每刻駕馭的感動。」乍聽之下還以為是什麼呢，原來是汽車公司的廣告。「你累了嗎？」是提神飲料的宣傳。「一匙靈，讓你一匙就靈。」是洗衣粉的廣告。「軟硬通吃，麥計較，命運才A順。」則是在宣傳潤喉糖。

這也想要，那也想要，形形色色的廣告詞，刺激著人們的購物欲望，在各種公司大力宣傳的攻勢下，人們被弄得神魂顛倒，對金錢的欲望也越來越強烈。

「幸福只能用錢來構築」，有人會產生這種想法也不難理解。正因如此，人們才會時時刻刻都想著錢、錢、錢，為了錢而沒日沒夜地辛苦工作吧。

的確，物質生活對我們來說很重要，但是在物質上得到了充分的滿足，經濟上過著安穩的生活，人就能夠真正地心滿意足而得到幸福嗎？

真的如您所說，只要想要的東西都能如願以償地握在手中，就會有一個無悔的人生嗎？

功成名就的豐臣秀吉❶在大阪城內建造了黃金茶室，他收集天下的珍寶名器，還令眾多美女服侍左右，威風無比。但是，他在自己的居所聚樂第的洗澡間和廁所裡都挖有暗溝，並準備好小船，為的是能在突然遭遇襲擊的時候，隨時都可以逃脫。

豐臣秀吉在少年時代，無論在哪裡都能光著身子安然入睡。但是當他奪取天下獨攬大權，身處人生最輝煌的頂峰的時候，內心卻充滿了恐懼。

「我身如朝露，轉瞬即消逝，難波❷繁華事，亦如夢中夢。」

他臨終的述懷，正是人生目的應當是在別處的證明。

這個世界上，沒有一件事物是永恆不變的。金錢、財產、地位、健康、聲譽、豪宅，這些現實都在不斷地變化著，只不過變化的速度有快慢之別而已。所有一切，在下一個瞬間都有可能化為烏有。

如果端坐在這樣虛幻的事物上尋求安居，想透過這些構築幸福人生，那終歸不過是鏡花水月，空中樓閣，就如同浦島太郎在龍宮中享受的片刻幸福一般。

浦島太郎受到龍宮公主的熱情款待，在龍宮裡享盡山珍海味，賞盡輕歌曼舞，日夜歡樂無比，但是當他回到陸地，打開公主所賜的玉寶箱時，卻發現自己孤立在荒漠的曠野中，迷失了方向，唯有獨自一人放聲大哭。

其實這個玉寶箱，已經向我們所有人展開。

人生僅如電光朝露，快樂也似夢幻一般。縱然盡享榮華富貴，亦不過五十年至百年之事。

若此刻無常之風即來，則不知遭遇何等病苦而命喪黃泉。將死之時，曾賴以依憑之妻、子、財寶，無一相隨我身。故死出山路之末、三塗大河，須唯我一人獨渡。

——蓮如上人

人生僅如那劃空而過的閃電、朝陽下的露珠般無常而短暫，縱然有快樂幸福，也都如夢幻一般。

即使一生能夠享盡榮華富貴，事事順心如願，那也不過是五十年到一百年之間的事情。

如果現在，無常之風颳來，生命轉瞬就會消逝。在即將與人世訣別的時候，一直以來所依靠的妻子財寶，沒有一個能成為自己的支柱，所有都被死亡奪走，不得不獨自一人孤單單、赤裸裸地離開這個世界。

人們只知道追逐珍饈美味、金錢財產、名譽地位、快樂享受這些夢幻般的事物，相信沉醉在這些夢幻之中就是幸福，卻沒有人知道終有一天玉寶箱必定會被打開。

讓我們睜開雙眼，以銳利的目光洞悉人生的實態吧。

譯註

❶豐臣秀吉（一五三七～一五九八）：統一日本的武將。死後政權被德川家康奪取。

❷難波：今日本大阪府。豐臣秀吉統一日本的根據地。

18 科學的進步等同於人類的幸福嗎？

請問

科學的進步，不就等同於人類的幸福嗎？請問佛教是如何看待科學的發展呢？

回答

在今天，我們生活的各個方面都受惠於科學的進步，所以我想，一定有很多人持有和你相同的觀點吧。

佛法也不否定這一點，但是科學說到底，只是使我們得到幸福的一個手段、一種工具而已，使用這個工具的還是人類。

佛教教導我們，根據我們使用的方式，科學既可以變成惡鬼，也可以成為菩薩。

到十九世紀為止，科學給人們帶來的都還是幸福，但是自從發明了炸藥，科學的發展就開始被用於血腥的武器開發之中。

從第一次世界大戰到第二次世界大戰，人類之間的大量殘殺以驚人的速度急劇增長，最終研製出了原子彈這個魔鬼。

事情的開端是在一九三八年，德國的物理學家發現鈾原子的核分裂可以釋放出巨大能量。科學家們開始擔心納粹會濫用這個原理來製造核子武器。愛因斯坦將這個憂慮傳達給了美國總統。之後，美國的原子彈研究得到了迅猛的發展。最後，研製出的原子彈在日本瀕臨戰敗之際，投向了廣島和長崎。

戰後僅過了四年，前蘇聯也擁有了原子彈，從此美蘇兩大巨頭的核開發競爭揭開了帷幕。繼原子彈之後，兩國又開發了破壞力為原子彈數百倍的氫彈，有段時間，全世界竟存在著七萬枚原子炸彈。

即使到了今天，核武已大幅削減，據說世界上也還存在著足夠滅絕人類好幾次的核武器。除了核戰爭，還存在著核武器被恐怖分子劫持的威脅，人類在核武器的陰影下戰戰兢兢。

也可以說，核武已經不能算是兵器了，它們該被稱為「人類滅絕器」或是「地球毀滅器」。

在第二次世界大戰中，全世界有將近五千萬青年如螻蟻般慘遭殺害。但是，如果第三次世界大戰爆發，只需幾個小時，整個地球都會變成熊熊燃燒的熾熱火球。

科學，到底是惡鬼還是菩薩？不，科學雖然不一定是惡鬼，但是利用科學的人，心裡卻棲息著惡鬼。

那就是貪欲、瞋恚和愚痴（見第7問的譯註）。

釋迦牟尼佛把它們稱為青鬼、紅鬼和黑鬼。在這些惡鬼面前，人的尊嚴、自由與生命的歡喜都不復存在，學問、教養、修養、倫理、道德也都成了糞土。打退了鬼島上惡鬼的是桃太郎，但是能讓我們心中的惡鬼洗心革面的，卻唯有真實的佛法。

能夠拯救古今中外的所有人類，使其得到真正的幸福的，只有真實的佛法。而科學，唯有成為傳播真實佛法的手段，才會具有真正的存在意義，才能達成其自身的使命。

真正的學佛之人，一定要以此為目的善用科學，使科學煥發出真正的光彩。

19 追求佛法的人必須淡泊金錢物質嗎？

請問

有人說，得知真實佛法的人不可以貪圖金錢和財物，而要盡量淡泊處之。我雖然知道靠金錢物質不能得到真實的幸福，卻還是無法去掉執著的心。請問，對待金錢和物質，我們該抱持什麼樣的心態呢？

回答

正如你所說，人對金錢物質的執著心是不可能去除的。

在日本，自古以來就有「四百四病中，唯有貧最苦」的說法。雖然我們明知死的時候連一張紙片都帶不走，但還是想，哪怕一次也好，能把臉蛋深深地埋在一堆鈔票之中。這是我們的真心話。幾乎所有的人，都深信金錢財富是左右一個人幸福與否的決定性因素。

無尊無卑，無貧無富，少長男女，共憂錢財，有無同然，憂思適等。

——《大無量壽經》

無論貧富貴賤，不分男女老少，人們都在為金錢財產而苦惱。不管是擁有還是沒有，同樣是痛苦不斷。

然而，這樣的佛語無論聽多少遍，人們還是覺得要得到幸福，首先是健康，其次就是金錢財產、事業地位、名譽榮耀，並對此深信不疑，為得到這些而辛苦勞碌奔波。

這無疑是人們煩惱具足的實態。

那麼，該怎樣將煩惱用於真實佛法，使其淨化，這應該就是你所提的問題的核心了。

在《維摩詰經》中有這樣一個故事：

一個惡魔，想誘惑維摩詰居士❶，於是獻給他很多的美女。維摩詰向惡魔表示感謝，將美女全部收下之後，就開始徹底地訓練這些女人。

原本過慣了放縱生活的女人們，在維摩詰居士的訓練下，糾正了以前的生活習慣，開始秩序井然地勞動。

惡魔看到女子們發生的巨大變化，開始吝惜起來，於是對維摩詰居士說：「像你這樣的人物，不需要女人吧。」維摩詰答道：「你需要的話，請便，儘管帶回去吧。」但是，女人們都已經習慣了有條不紊的生活，她們討厭惡魔的世界，拒絕跟惡魔回去。

女人比喻的是我們的煩惱，這個故事告訴了我們該如何對待煩惱，非常值得玩味。

日本德川時代，伊勢國❷有一個名叫月僊❸的畫僧。

他的畫雖然得到了世人的公認，但是因為他索取的報酬很高，所以名聲不好，大家都說他是個貪婪的僧人。

不管誰來買畫，月僊都欣然相售。

有一個看不起月僊的妓女，要月僊在絹帛上畫一幅五彩山水畫。月僊畫好之後拿給妓女。妓女竟然用草紙裹著錢扔給月僊，並將名畫圍在腰間，在眾人面前羞辱月僊道：「身為僧人卻貪戀錢財，真是個無恥的守財奴！你的畫根本不配掛在牆上，用來做我的內衣剛好。」

而月僊卻說：「畫歸妳，錢歸我，妳我兩不相欠。」然後轉身就走了。

後來，世人才知道他用畫畫得到的錢修理道路橋樑，並救濟窮人，於是舉世稱讚。

那位妓女也為自己當初不明真相的所作所為，而感到羞愧萬分。

日本著名的造紙大王藤原銀次郎❹在晚年，把巨額遺產捐贈給教育事業，用於培養人才。

還有一個著名的例子是瑞典的阿爾弗雷德．諾貝爾❺，他因發明炸藥和無煙火藥，積累了巨額財富。然而，這些發明被用於戰爭，令他深感痛心，於是他傾盡所有財產作為基金，創建了諾貝爾獎。

我們拚著性命賺來的金錢財物，不要讓它成了沒有意義的死錢，要多多使用才是。用於公益事業當然也是好事，而最有意義的是用它來達成人生終極的目的。

為佛法，身命亦應捨棄，財寶亦不應吝惜。

——《持名鈔》❻

為了佛法，不應吝惜錢財與身命。

佛法告訴了我們什麼是人生的終極目的。哪怕只是貧者一燈❼也好，把金錢財物盡量地用於佛法，才能更有意義地發揮它們的作用。我們千萬不要成為金錢物質的奴隸。

譯註

❶維摩詰居士：釋尊的在家弟子，據說連釋尊都對他另眼相看。

❷伊勢國：今天的日本國三重縣。

❸月僊（一七四一～一八〇九）：日本德川時代後期的畫僧。

❹藤原銀次郎（一八六九～一九六〇）：日本實業家、政治家。

❺阿爾弗雷德．諾貝爾（一八三三～一八九六）：瑞典化學家、發明家。

❻《持名鈔》：親鸞聖人的玄孫存覺上人（一二九〇～一三七三）所著。

❼貧者一燈：指貧者以虔誠之心供養一燈，其布施之心比長者供養萬燈還要尊貴。

20 親鸞聖人為什麼說一定要聽聞佛法呢？

請問

親鸞聖人為什麼說一定要聽聞佛法呢？請告訴我聽佛法的目的是什麼。

回答

針對這個問題，親鸞聖人用下面這首詩一針見血地回答了我們。

縱然大千世界中，
充滿大火亦穿越，
得聞佛之御名人，
即成永久不退身。

——《淨土和讚》❶

佛法告訴我們，因為死後有無法挽回的一大事發生，所以即使這個世界變成火海，為了解決後生一大事❷，也必須聽聞佛法。聽聞佛法，就一定能夠獲得絕對幸福。

親鸞聖人告訴我們，聽聞佛法的目的，就是為了解決「後生一大事」。因為佛教闡明了所有人都存在的後生一大事，並揭示了這一大事的解決之道。

解決「後生一大事」，也正是我們人生的終極目的。

然而，又有多少人知道這才是佛教的目的呢？大家都以為佛教所講的就是怎樣快樂、堅強、和睦地生活之類的事情，都以為佛教不過是懲惡揚善的教義，和倫理道德同出一轍。

於是，人們就有了一種印象——信佛的人一定都很老實溫順，都是那種對別人的意見唯唯諾諾的老好人。佛教徒無論和誰相處都不會產生爭執，家庭也必定美滿，是世人所說的那種人格圓滿、沒有稜角的人。而且無論處於怎樣痛苦不幸的境遇，都不會有牢騷怨言，只會默默忍耐，一味承受。

像這樣，人們把佛法當作幫助自己平安度過人生的一種工具。

但是，這是把佛法和倫理道德混為一談的錯誤觀念。

如剛才所說，佛教所講的是「後生一大事」，和這一大事的解決之路。因為後生一大事只能依靠阿彌陀佛的本願才能解決，所以作為佛教的結論，釋迦牟尼佛告訴我們要「一向專念，無量壽佛（阿彌陀佛）」。親鸞聖人原原本本地繼承了釋尊的這一教導，傾其一生，不惜身命地將阿彌陀佛的本願傳給了後世的人們。他的弘法之路，布滿了荊棘。

得到阿彌陀佛的拯救後，親鸞聖人為了開顯阿彌陀佛不分男女老少，不論善惡賢愚，平等拯救一切眾生的真意，他於三十一歲的時候公然吃葷娶妻，破壞了當時的倫理道德，以致招來了整個世間的嘲笑謾罵。

三十四歲的時候，親鸞聖人為了開顯阿彌陀佛本願的真意，和三百八十多位同門法友進行激烈的爭論。雖然他糾正了法友們的錯誤認知，明確了彌陀的真實拯救，卻被眾人罵為背師自立[3]的無恥之徒。

還有，親鸞聖人在年已八十四歲的時候，得知長子善鸞扭曲佛法，散布邪說。為了維護真實的佛法，聖人毅然決然地斬斷了與善鸞的父子關係，因此遭到了世人尖刻的譏諷：「連自己的親生兒子都不能教導，還妄談什麼引導他人！」

如果佛教講的是和倫理道德同一層次的教義，聖人的這些言行就會讓人無法理解。

親鸞聖人九十年的生涯裡，既沒有向現狀妥協，也沒有流於安逸。為了闡明被所有人遺忘的後生一大事的存在，以及傳播這一大事的解決之道，他不惜身與命，打破一切障礙，奉獻了自己的一生。

譯註

❶《淨土和讚》：親鸞聖人所寫的讚嘆阿彌陀佛及其淨土的詩集。

❷後生一大事：「是沉於永久的苦患，還是獲得永恆的樂果」之一大事。

❸背師自立：背叛師長，建立自己的教義。

21 佛教否定死後的世界嗎？

請問

有佛教學者說，佛教講說「無我」與「空」，並沒有教導我們死後的世界，他們說的正確嗎？

回答

現在很多人都認為，所謂死後的地獄、極樂，是在印度有著極端種姓歧視的時代才會相信的事情，在日本則是封建時代，為了緩和階級矛盾、維護社會安定才需要。認為在當今的自由社會裡，沒有講說地獄、極樂的必要，這已經成了一種風潮。

對於受過近代人文主義教育的人來說，死後的世界更是他們接觸佛教、尤其是淨土真宗❶的教義時，最先有抵觸的地方。

但是，否定「死後」的存在，就等於是全盤否定了以「解脫生死」為目的的佛法。

解脫生死的本來涵義是指從三界六道❷的生死輪迴中解脫，所以如果否定了來世、後生的存在，解脫也就根本無從談起。

想要在否定後生的基礎上理解佛法，就如同想建造房子，卻不要屋頂和支柱一樣。如果講說後生的佛法是錯誤的，那就等於釋迦牟尼佛是錯誤的。

在淨土經典中自不待言，在其他很多經典中，釋尊也都講到過後生、淨土的存在。這已是眾所周知的事實，無須再一一舉例論證。

那麼，為什麼如此顯而易見的事實卻被扭曲了呢？歸根結柢，不過是因為他們無法承認後生或淨土的存在罷了。

否定後生的觀點被稱為斷見，在佛教裡是非常排斥這種斷見外道❸的。

復次，聖人說今現在事實可信故，說後世事亦皆可信；如人夜行險道，導師授手，知可信故，則便隨逐。比智及聖人語，可知定有後世；汝以肉眼重罪，比智薄故，又無天眼。既自無智，又不信聖人語，云何得知後世？

復次，佛法中諸法畢竟空，而亦不斷滅；生死雖相續，亦不是常；無量阿僧祇劫業因緣，雖過去亦能生果報而不滅；是為微妙難知。

若諸法都空者，此品（般若波羅蜜經往生品）中不應說往生，何有智者前後相違？若死生相實有，云何言諸法畢竟空？

但為除諸法中愛著邪見顛倒故，說畢竟空；不為破後世故說。汝無天眼明故疑後世，欲自陷罪惡！遮是罪業因緣故，說種種往生。

——《大智度論》

正如龍樹菩薩在上文中明確指出的那樣，否定後生的是斷見外道，絕非佛教。

然而，近年來，卻有人否定後生的存在，把佛教的解脫生死，說成是從對死亡的不安中得到解脫之類。佛教的斷見外道化似乎正日趨嚴重。

認為佛教中講說的空與無我，是對後生的否定，那是因為不知佛教所教導的「生滅相續，非常非斷」的真意。

這些在佛教的唯識學中都有詳細的解說，所以，不學唯識就無法理解佛教。但是，如果只是作為一門學問來研究的話，也不會懂得唯識的真意。

如果宿善開發，冥合彌陀的佛智，就會真正得知曠劫流轉❹的真實的自己，也會得知彌陀與淨土的儼然存在了。

之所以不懂這些，只是因為他們「迷定散自心，昏金剛真信」而已。

譯註

❶淨土真宗：意為「往生淨土的真實教義」。日本最大的佛教宗派，奉親鸞聖人為祖師。

❷三界六道：把迷惑的世界分為三種，名為三界（欲界、色界、無色界），更細分為六種，是為六道（地獄、餓鬼、畜生、修羅、人間、天上）。

❸外道：佛教以外的宗教。

❹曠劫流轉：從過去幾億兆年以來一直迷惑至今。

22 為什麼不能自殺？

請問

據說，日本每年因自殺而死的人超過三萬。
人生在世，難免會遇到工作上的難題、人際關係的糾紛，還有可能遭遇病魔纏身，或者由於照護臥床不起的家人而被弄得身心疲憊。
我害怕自己在遇到這些困難的時候，也會失去活下去的勇氣而選擇死亡，為此感到非常不安。請問，人有無論多麼痛苦都不能自殺的理由嗎？

回答

最近自殺的人數在迅速增加，這似乎是一個世界性的趨勢。
自殺者遍布社會各個階層。有因為生活艱苦而選擇死亡的人，也有諾貝爾獎得主的作家或是億萬富翁。有的自殺者從樓頂躍身跳下時，甚至還殃及了樓下路過的行人。

對人來說，自殺並非輕而易舉就能做到的事情。儘管如此，還是有人親手結束自己的生命，那是因為他太過痛苦的緣故吧。但是，還有一個導致人輕生的問題不可忽視，那就是：對死後的無知。

釋迦牟尼佛在世時，想必也有人自殺，所以流傳著這樣一個故事。

有一天，釋尊在托缽的途中，看到一位姑娘站在大橋上，一邊東張西望地環顧著四周，一邊往自己的衣袖裡放石頭。

這無疑是在做自殺的準備。釋迦牟尼佛心生憐憫，走到了姑娘的身邊，和藹地詢問她發生了什麼事情。面對慈悲的釋迦牟尼佛，姑娘一五一十地說出了事情的原委。

「說起來實在是難以啟齒……我和一個男人相好，懷上了他的孩子，可是卻被他拋棄了。我忍受不了世人冰冷的眼光，再想到腹中孩子的將來，就覺得還不如一死了之，這樣就能夠解脫了。請您不要攔我，就讓我死了吧。」

說完，姑娘放聲哭了起來。

釋尊雖然覺得她很可憐，但還是嚴厲地教誨道：

「妳真是太糊塗了！我講一個比喻，告訴妳自殺是多麼愚不可及的行為。某個地方有一頭牛，不得不日復一日地拉著裝滿沉重貨物的牛車辛苦勞動。這頭牛就想，為什麼我每天都不得不忍受著這麼沉重的痛苦？造成我痛苦的原因到底是什麼呢？這時，牛想到了，只要沒有牛車自己就不會痛苦了。於是有一天，牛奮力狂奔，把牛車撞在一塊大石頭上，將其撞得粉碎。然而幾天後，牛的主人給牛造了一輛鋼鐵製的車，這輛車比原來的要重幾十倍、幾百倍，而且牛再也無法將其弄壞了。事到如今，牛已無計可施，雖然牠深深地後悔自己毀掉了前一輛車，卻為時已晚了。妳也許以為，只要毀掉現在的肉體就能得到解脫，但其實，人死後只會進入更加痛苦的世界。妳不知道，地獄之苦，根本不是人世間的痛苦所能比及的啊。」

接下來，釋尊向姑娘諄諄地講說了佛教的教義。

姑娘這時才知道「後生一大事」，為之驚訝不已。此後，她進入佛門得到了拯救。

最可怕的事情，莫過於無知。無知的嬰兒會毫無警惕地伸手去抓那燒得通紅的火筷。然而大家務必要知道，自殺，是比嬰兒這樣的行為更加愚蠢的事情。

難思弘誓，渡難渡海大船。

——《教行信證》總序

親鸞聖人告訴我們，彌陀的本願是一艘大船，它可以使我們明朗、愉快地渡過痛苦波濤洶湧不絕的人生苦海。我們的人生目的，就是要乘上這艘大船。

讓我們一起聽聞佛法，直到如彌陀的誓言所說，乘上這艘使我們明朗、愉快地渡過人生苦海的大船，得到生而為人的生命喜悅！

23
我為何物？

請問

我本以為，所謂的「我」，就是指這個肉體而已，死後肉體消失，「我」也就不復存在了。但是，當親人去世的時候，我卻怎麼也無法認為他就這樣化為烏有了。請問，「我」到底是什麼呢？

回答

現今由於醫學的突飛猛進，人類身體的各種內臟器官逐漸地都可以用人工臟器來代替了。

不久的將來，醫生將不必對心臟病患者的心臟進行各種繁瑣的治療，直接換成新製的人工心臟，患者就會強健如初。

腸胃有問題的人，換上新的人工腸胃就能恢復健康，手腳殘疾的人，換成新製的手腳就可以行動自如了。

當然，血液混濁了，也可以全部換成新鮮清澈的血液。就像機器的零件出現故障時，換個新零件或是進行修補一樣，不難想像將來有一天，我們的肉體中所有的人體組織都將能自由地更換。

如果這成為現實的話，就會產生一個問題，那就是：原來的「我」究竟會怎樣呢？當我的肉體從上到下全部都被替換掉時，「我」這個根本性的主體不會受到任何影響嗎？

這時將會發生一個有趣的現象：雖然肉體變成了另外一個人，但意識卻依然是自己的。

如果說肉體上一切都發生了變化，但是「我」卻沒有改變的話，那麼，這個「我」到底是怎麼回事呢？

這個問題，絕不是建立在設想今後醫學發展的前提之下。

大家都知道，我們的肉體大約是由六十兆個細胞構成的。並且，這些細胞都在不斷地進行新陳代謝，據說大概在七年左右的時間裡，所有舊細胞都會被新細胞所替代。也就是說，七年前的我和現在的我，在物質上是完全不同的兩個人。

但是，對我來說，並沒有覺得自己變成了另外一個人，毫無疑問，當時的我和現在的我是同一個人。

如此一來，我們就要考慮到，七年前的自己和現在的自己，除了物質以外，必然還有一個貫徹始終、不會改變的事物存在。這就叫做統一性主體。

老年人會說：「雖然身體越來越老，但心裡還是覺得很年輕。」

這是因為，統一性主體的自我不受肉體老化影響，所以不會有太大的變化吧。

佛教告訴我們，這就是永遠都不會消亡的生命長河——阿賴耶識。

如果不明白阿賴耶識，就找不到真實的自我。而講述這永恆生命實相的，正是佛法。因此，讓我們認真聽聞佛法，直到與真實的自我會面的那一天。

24

關於人死後會怎樣，親鸞聖人是怎樣教導的呢？

請問

我認為，人所有的生命活動都是一種物質現象。所謂的心也是由大腦產生出來的，我不相信除了物質之外，人還有什麼「精神」或者「靈魂」存在。所以，我覺得人死後就什麼都沒有了。請問，關於這件事情，親鸞聖人是怎樣教導的呢？

回答

你的這種想法古而有之，並不稀奇。

人的大腦，是由一千億以上的神經細胞如結網般，錯綜複雜地交織在一起而組成的。

唯物論者主張，所謂的心，不過是這些複雜的神經細胞之間的相互作用。

針對這種說法，因神經細胞的研究成果而榮獲一九六三年諾貝爾生理學醫學獎的埃克爾斯[1]在他的著作《腦的進化》[2]中，藉由詳細的論證加以批判，認為：「以為精神世界的所有一切，都可以透過神經細胞的活動完全解釋清楚，這種唯物論屬於『迷信的範疇』。」他還主張，我們的心在肉體消亡之後也會留存下來，是一種非物質性的不滅存在。

另外，世界著名的腦外科醫生潘菲爾德[3]做過一種特殊的實驗，他直接在患者裸露的腦組織上進行電流刺激，並詢問患者的感受。他透過反覆實驗，為二十世紀腦的研究領域留下了劃時代的成果。

可說是，沒有人比潘菲爾德接觸過更多活生生的大腦了。他一生都是以唯物論的立場進行研究，以為心是完全可以透過神經細胞的活動加以解釋的。但他最後得出的結論卻是：把大腦和心看成是不同的事物，這種想法更為合理。

在《大腦和心的真相》[4]一書中，潘菲爾德寫道：「我認為，依靠大腦的神經作用來解釋心，是絕對不可能的。（中略）我經過長期的研究，試圖透過大腦來解釋心的活動，然而，在對迄今為止得到的數據進行最後的分析時，我驚奇地發現，人由兩個基本要素所構成的說法更為合理。」

根據潘菲爾德的推測，我們的心就好像淘汰舊車、換乘新車一樣，換乘過不計其數的大腦。

他還在這本書中寫道：「我有確鑿的證據證明，心是和大腦中某些特定結構的活動結合在一起的。在無數個世代之間，心無論在哪個人身上，都是以這樣的方式和大腦相結合，心的性格會被一代一代連綿不斷地繼承下去。」

為研究大腦奉獻一生的頂級科學家也說，只靠大腦是無法解釋心的活動的。

社會上有些人把人的行動完全歸結於大腦的功能，簡單地看待這個問題。這樣的人是因為身體機能健全，各個器官的運作正常而單調，所以沒有機會窺視到各個器官運作的背後，所存在的超出自我意識的力量。他們沒有考慮過支撐各器官運作的背景是什麼，不明白在比現代心理學所說的深層心理的更深之處，所隱藏著的「真實的我」。

如果以為人只是生存在自我意識可以控制的範圍之內，我不得不說這種想法極為無知。請更加深入地學習並凝視生命的實相。

佛法告訴我們，人的肉體是八十至一百年之間的「借來之物」，而「真正的我」在肉體消失之後，還會永遠存續。

「人死後會怎樣呢？」關於這個問題，親鸞聖人自始至終都明快地教導我們：如果不能得遇彌陀的救度，將永墮苦患，而如果能在平生遇到彌陀的救度，則必將往生無量光明土。

譯註

❶埃克爾斯（一九〇三～一九九七）：澳大利亞神經生理學家。

❷《腦的進化》：譯自日文版（伊藤正男翻譯）。

❸潘菲爾德（一八九一～一九七六）：加拿大腦神經外科醫生。

❹《大腦和心的真相》：譯自日文版（塚田裕三／山河宏翻譯）。

25 我的人生觀是錯誤的嗎？

請問

如果每天都想著死亡，怎麼能夠快樂地生活呢？所以我認為人生在世，還是盡量不要去思考死亡什麼的。請問，您對我這樣的人生觀有什麼看法？

回答

持有你這種人生觀的人絕非少數，但我認為，這並不是一種認真的人生觀。

關於「死亡和死後」的問題，近代理性主義認為這是無法探知的事情。因而對其視而不見。然而這個問題並沒有消失，反而在內心深處發酵膨脹，成為了近代人沉重的傷痛。

患者得了不治之症時，醫生一般不會把病情如實地告訴患者本人，而只會告知他的家人。家人們則異口同聲地對患者說：「沒事的，醫生說你很快就會好起來。」

就這樣，患者在臨近人生終點的時候，被親人們撒了一個彌天大謊，最終糊裡糊塗地死去。

那也是因為死亡這個事實太過殘酷了吧。

所以，你所說的「總想著死亡，就不能快樂地生活」，這種想法我很能理解。問題是，死亡是百分之百必定會到來的，無論再怎樣想要無視死亡，享受快樂的生活，人也無法完全對死亡避而不見。

就像麻醉劑，雖然可以暫時緩解身體的疼痛，但是從麻醉中醒來之後，人還是不得不面對痛苦。同樣的道理，終有一天，人不得不獨自面對再也無法粉飾的死亡。

所以，親鸞聖人告訴我們：

呼吸之頃，即是來生。一失人身，萬劫不復。此時不悟，佛如眾生何。願深念於無常，勿徒貽於後悔。

——《教行信證》行卷

等吸進的氣不能再呼出去，呼出的氣不能再吸進來時，就是來世了。後生，並非那麼遙遠的事情。人死後將永遠地失去現在的人身，這一大事如果不趁現在徹底解決，要等到什麼時候才能解決呢？永恆的機會，就只有現在。所以，一定要凝視時時刻刻逼近的無常，絕對不要留下後悔和遺憾。

後生一大事是一切苦惱的根源。如果不解決這後生一大事，進入無礙的世界，我們所追求的光明人生就無法實現。

這就是人生的大事業，唯有依靠阿彌陀佛的本願力才能完成。讓我們成就這人生的大事業，享受「生亦可、死亦可」，真正光明的人生吧！

26 從近代理性主義中能尋求到拯救嗎？

請問

我聽說，佛教所講的就是「後生一大事」，和這一大事的解決之路。但對於接受了近代理性主義教育的我們來說，實在是難以認同。我認為死亡所帶來的僅僅是黑暗和消亡。請問，我的想法是錯誤的嗎？

回答

佛經中有句話：

獨生獨死，獨去獨來。

——《大無量壽經》

人，無一例外的，都是一個人出生而來，一個人死去，孤單單地來到這個世上，又孤零零地離開。

在踏上下一個世界的旅途時，金錢、名譽、財產等等，所有的一切都不會陪著我離去。

無論是誰，在失去了父親母親，或者兄弟姊妹、親戚朋友時都會哭泣。這既是為永遠的別離流下的傷心淚水，也是由此想到終有一天，自己也不得不孑然一身踏上不歸之路，而為自己流下的眼淚吧。

但是，這種念頭也只是在當時一閃而過，人是不會想要獨自一人面對死亡的。

人們害怕生病、衰老、核戰、恐怖主義，為環境污染、地球溫暖化而吵吵鬧鬧，其實歸根結柢，這些問題的根本都在於「孤獨的死亡」。人們只是為了迴避死亡這個核心問題，而給其戴上一層面紗，試圖隔著這層面紗和死亡對峙。

據說，患了不治之症的病人對醫生的一舉一動、一言一語都會時喜時憂，有時預感到死亡的降臨，有時又抱著治癒的希望。

作家瀨田榮之助❶在遺著《有生之日》的後序中，傾訴了他作為一名癌症患者，在與病魔進行注定不可能勝利的鬥爭中，淒慘而絕望的痛苦心境。他說，日日夜夜、不論是醒著還是睡著，都獨自一人被死亡的恐怖折磨著，癌症病人的靈魂深處是「沒有親身經歷過的人絕對無法知曉的地獄」。

他還寫道：「在死亡面前，尼采❷和齊克果❸也不能給予我力量。」人要活下去，就必須對未來抱有某種希望。那麼，對於馬上就要孤獨地面對死亡的患者來說，還有什麼希望可言呢？在所剩無幾的日子裡，還有什麼能給予他希望呢？

主張死亡所帶來的僅有黑暗和消亡的近代理性主義，怎麼能夠給予絕望的患者生存的意義、死的價值，還有希望和勇氣呢？

「在死亡面前，尼采和齊克果也不能給予我力量」，這也是理所當然。

然而，死亡並非僅僅是生命垂危的癌症患者才要面對的問題，任何人都無一例外地必須接受死亡的來訪。這是所有人都不得不面對的重大問題，沒有一個人能逃避得一乾二淨。

這不安的陰影時時刻刻籠罩著人們，人們怎麼可能感受到真正的幸福呢？每一個人都不得不孤獨地在死亡的恐懼中顫抖、離去，過去如此，未來也將永遠地重複下去。

現代人雖然在理性上否定死後的存在，在情感上卻因無法承受死亡的不安，而想要肯定死後的世界。人們在這種矛盾的心態中飽受折磨。

所謂「死亡就是休息」、「死亡就是長眠」，那都是因為不清楚死後到底會怎樣。

死亡是我們百分之百確鑿無疑的未來，而佛法的目的，就是使我們清楚得知死後的去向，成為死後必能往生淨土之身——這，正是阿彌陀佛的救度。

譯註

❶瀨田榮之助（一九一六～一九七一）：日本西班牙文學研究家、小說家。

❷尼采（一八四四～一九〇〇）：德國哲學家，對後代哲學的發展有極大影響。

❸齊克果（一八一三～一八五五）：丹麥哲學家、神學家。存在主義哲學的創始人。

27 現代人還需要信仰之心嗎？

請問

我是一個高中生，我不明白為什麼現代人還需要信仰之心。親鸞聖人教的是那麼落伍的事情嗎？希望您能告訴我需要信仰之心的理由。

回答

你說信仰之心這個詞很落伍，想知道為什麼現代人還需要信仰之心。其實，那是因為我們必須相信著什麼才能夠活下去。信仰之心，就是相信某種事物，換句話說，就是依賴某種事物，把它作為心靈的支柱。

我們不依賴什麼，不把什麼當作心靈的支柱就無法活下去。也就是說，如果什麼都不相信，人就無法生存下去。

妻子相信丈夫，丈夫相信妻子；父母依靠孩子，孩子依靠父母而活著。除此之外，還有自己的身體、生命、金錢、財產、名譽或是社會地位等……每個人，都有自己的心靈支柱。

活著，就是相信。所以，所有的人都具有某種信仰之心。

日本自古就說，「拜沙丁魚頭也是一種信仰」。就算是他人看起來不值一提的事物，對於相信這一事物的人來說，那也是他的一種信仰，並非只有相信特定宗教裡的神、佛才是信仰。

我們不相信什麼就無法活下去，而且我們不是只為了活著而活。所有的人，都厭惡痛苦和煩惱，都是為了追求幸福而活。

那麼，痛苦煩惱是從哪裡來的呢？仔細思考一下就會知道，當我們被自己相信的事物背叛時，就會產生痛苦和煩惱。

病人的痛苦，是由於健康的背叛；夫婦間的悲劇，源自於妻子或是丈夫的背棄。被孩子背叛的父母，被父母背叛的孩子。父母越是相信自己的孩子，遭到背叛時的痛苦與憤怒就越是無法平息。

由此可知，雖然我們不相信些什麼就無法活下去，但是相信那些終將背叛我們的事物，是非常愚蠢的事情。

那麼，在這個世上，有沒有即使投入整個生命去相信也不會後悔、絕對不會背叛我們的事物呢？

從結論上來說，沒有任何事物是這樣的。即使我們所相信的事物會持續一段時間，在死亡到來的時候，也不會再給我們任何依靠。我們會被所有的一切背叛，就連這個肉體都將被燒毀。

關於這個人生的實態，親鸞聖人這樣說道：

煩惱具足之凡夫，火宅無常之世界，萬事皆為虛假，無有真實。唯有念佛才是真。

——《歎異抄》

這個世上的一切，都必將拋棄我們。因為所有都是虛假的，沒有一個是真實的。唯有彌陀的本願念佛，才是不會背棄我們的真實。

這就是被稱為世界之光❶的親鸞聖人畢生的斷言。即使現在就面臨死亡也不會改變的事物，只有三世十方諸佛❷的本師本佛阿彌陀佛的救度，除此以外再無其他。

唯有被彌陀所相信，得到彌陀救度的人，才會活在永恆不變的幸福中。

譯註

❶世界之光：明示了全人類的得救之路。

❷三世十方諸佛：三世十方指大宇宙。存在於大宇宙中的無數之佛。

28 佛教的平等觀和親鸞聖人

請問

日本自從第二次世界大戰戰敗之後，社會風氣有了很大的改變，人們開始謳歌自由與平等。然而，自由卻逐漸變成了放縱，平等也變成了形式平等，令人覺得社會更加混亂。請問，親鸞聖人的平等觀是怎樣的呢？

回答

日本近代著名的教育家福澤諭吉曾說過：「天不造人上之人，亦不造人下之人。」他的平等思想令當時的日本人大為驚訝。然而，其實釋迦牟尼佛早在三千年前就已經道破：「眾生平等。」

釋尊在世時，印度的種姓制度非常嚴謹，社會被分為婆羅門、剎帝利、吠舍、首陀羅四個等級。

婆羅門（僧侶）和刹帝利（王族）幾乎是同等尊貴的身分，吠舍（勞動階級）和他們之間不要說婚姻，就連交際往來和職業都不能互通，而首陀羅（賤民）和其他等級之間，更是連交談都不被允許，完全如螻蟻一般被對待。

在這樣的社會環境下，釋尊打破了四個種姓之間的高牆，高呼眾生平等，這不能不令人驚嘆。

親鸞聖人親身實踐了釋尊的教導，在階級對立非常明顯的封建社會，向所有人伸出雙手，呼喚著「御同朋、御同行」（兄弟啊、朋友啊）。

聖人還說道：

親鸞，弟子無一人也。

——《歎異抄》第六章

親鸞我一個弟子都沒有。

由此可知，佛教是徹底倡導萬人平等。但，人們也必須知道，佛教並沒有因此無視人與人之間的差異，所以絕不是所謂的形式平等。

我曾聽過這樣一件事情。

某大公司的總經理，叫一個職員來總經理室。但是，這個職員卻說：「總經理如果有事，他就應該自己來找我，因為在民主主義的社會裡，所有人都是平等的。」怎麼也不肯聽從指示。

總經理聽了，非常氣憤，又很驚訝。他考慮到這種言行的背後隱藏著很重要的問題，於是向自己的上司董事長彙報了這件事。

董事長也感覺事情重大，便著手進行解決。首先，他向這位職員問道：「你會經營公司嗎？」職員回答說：「不會。」

董事長又問總經理：「你會做職員們做的工作嗎？」總經理很乾脆地答道：「當然會，那些都是我以前做過的工作。」

接下來，董事長向職員說道：「從基本人權這一點來說，所有人都是平等的，但是每個人的能力和經驗都有所不同，所以在工作崗位上就會出現上下級關係，有上下級關係，自然就會有自上而下的命令系統，這是理所當然的事情。」

聽到這番諄諄教誨，職員這才明白了為什麼要聽從指示。

我們的身體是由眼睛、耳朵、手、腳等各種器官組成的，無論手多麼忙，腳也無法幫忙，無論眼睛多麼忙，耳朵也無法代替。

眼睛有眼睛的工作，耳朵有耳朵的任務，每個器官都各司其職，安守在自己的崗位上，做自己該做的事，這樣才能使全身的行動自如流暢。

但是，如果腳上停了一隻蚊子，手不會因為蚊子要叮的不是自己而置之不理。這時，眼睛會先看準蚊子停的位置，之後手就會啪的一聲打下去。一旦有危急狀況發生，所有的器官都會齊心協力，保護整個身體的安全。

雨水平等地落向大地，不會因為草木有大小之分就區別對待。但是接受雨水澆灌的草木則是大樹吸收大量的水分，小草吸收少量的水分。如果草木無論大小都吸收相同的水分，那會是什麼結果呢？對大樹而言剛剛好的水分，對於小草來說就會太多。而對小草而言剛剛好的水分，對大樹來說則會不夠。這樣的話，大樹小草不是枯死就是澇死，都將不能存活。

也就是說，雨水平等地澆灌著大地，但是，植物必須不平等地將其吸收，這樣才能平等地生存。

無視個體的差異而機械性地同等對待一切，這種錯誤的平等觀會招致種種悲喜劇，產生混亂，一定要多加注意。

29 親鸞聖人與姓名算命

請問

最近，由於我的家庭連遭不幸，在一位朋友熱心的推薦下，我去算了名字的筆劃，結果算命的人說我的名字不好，建議我改名。請問，真的會有這種事嗎？關於名字與禍福之間的關係，親鸞聖人是怎樣教導的呢？

回答

親鸞聖人告訴我們，人的幸與不幸完全取決於自己的行為，名字與禍福是沒有任何關係的。

在生孩子的時候，作為父母，首先考慮的就是孩子的名字。

最近，日本的某項調查顯示，多數父母都是在孩子出生以前就為孩子取名字，出生之後才取的人占百分之十三，等到報戶口的期限臨近才取的人僅占百分之二。

絕大多數的父母親，都是在孩子出生之前就查字典，算筆劃，絞盡腦汁地想如果是個男孩就叫什麼，如果是個女孩就取什麼名字。

而另外一份調查結果顯示，父母親在取名字的時候，以算名字或筆劃為基準的人竟占百分之四十．三。

希望孩子身體健康就取名「健一」；希望孩子心地善良，就取名「善太郎」；希望孩子正直勇敢，就取名「正男」；希望一家和樂，就取名「和子」；希望孩子能得到幸福，就取名「幸子」；希望她如花似玉，就取名「華子」……事實上我們每一個名字的背後，都包含著父母親殷切的期待和願望。

但是，世事卻往往難遂人願。

佛法中有句話叫「名體不二」，就是說名字能詮釋它所代表的事物的實質。然而，世間事卻未必如此。

「萬年松」並非是生長了萬年的松樹；「墨水」也有黑、有藍、還有紅色；所謂「內人」，也並不總是待在屋子裡面。

看那些在監獄裡服刑的犯人的名字，也有的是正氣凜然的好名字。然而，名叫善太郎的是有三次前科的盜竊犯，名叫秀一的是有五次前科的詐騙犯，名叫聖吉的人行賄受賄，名為正義的人竟是性侵慣犯……如此種種，實在是讓人瞠目結舌。

再放眼觀看世間，名叫和子的人因為三角戀愛的糾紛，以殺人未遂罪遭到起訴，名叫智慧的人受到混帳男人的欺騙而淪落花街柳巷，名為幸子的人連遭不幸，最終跳樓自盡。

人生在世，真是不如意事十之八九。

可知，名字不過是區分自己與他人的標記，僅僅是表示自己是某某人的一個符號。所以，親鸞聖人說，把這樣的符號當作原因來推斷人的幸與不幸，這種姓名的推測完全是愚蠢的迷信。

現代人高喊著理性主義，姓名測字等迷信卻依然長盛不衰，這正說明無論社會有了怎樣的改變，人們的內心依舊充滿了不安。

人在身處順境的時候，會講出滿口的大道理，然而，一旦遭遇意想不到的不幸或災難，就變得非常脆弱，好像是奄奄一息的小草，輕易地就陷入那些無聊的姓名算命、迷信邪教之中。

那是因為人們不知道真實的佛法，所以不了解幸與不幸到底是由什麼決定，也不明白該怎樣才能夠解決這個問題。

世界之光親鸞聖人把真實的佛法教給了我們，希望您也有緣分，能早日聽聞親鸞聖人的教義。

30 親鸞聖人與掃墓的意義

請問

前幾天，盂蘭盆節❶時，我回到家鄉，為祖墳掃墓。那時，我忽然意識到，自己並不知道掃墓有什麼意義，不禁陷入了沉思。請問，關於掃墓的意義，親鸞聖人是怎樣教導我們的呢？

回答

這是追求真實佛法的人才會產生的疑問，非常難能可貴。

在日本，一般人都以為過盂蘭盆節時，逝去的親人們的亡靈會聚集到墳墓裡，所以為了祭拜他們而去上墳掃墓。

但是，親鸞聖人、蓮如上人卻打破了這種世俗的迷信，教導我們「死者的亡靈是絕對不可能回到墳墓裡的」。

被彌陀所救之人，死後就會往生淨土，為弘揚佛法而大顯身手，當然不會待在墳墓底下。而沒有得到彌陀拯救的人，後生將不得不長久遭受痛苦，所以也無法聚集到墳墓下面。

佛教清楚地告訴我們，無論哪種情況，去世的人都不會因為是盂蘭盆節，就聚集到墳墓裡的。

親鸞聖人在遺言中說道：

我雖壽命將盡，要還歸安養淨土。

今生結束之時，我將回歸彌陀的淨土。

並且，聖人還經常這樣說：

親鸞倘閉眼，當棄之賀茂河❷與魚也。

我死後，就把我扔到賀茂河裡餵魚。

——《改邪鈔》❸

聖人完全不把墳墓和葬禮當作重要的事情看待。那是因為，對於在活著的時候，已經得到了彌陀救度的人來說，死後的墳墓或骨灰等問題，根本無關緊要。

真實的佛法告訴我們，絕不會有亡靈在盂蘭盆節聚集到祖墳裡這種事。那麼，掃墓上墳就沒有任何意義了嗎？其實只要對其有正確的認識，掃墓就可以成為我們得到彌陀拯救的殊勝善緣。

每年都有很多人死於交通事故。我們就算聽到報導說，去年交通事故死亡人數有幾千人，也絲毫不會感到震驚。但是，他們每個人的背後，都是一場場悲劇。父母失去愛子，孩子失去雙親，妻子失去丈夫，丈夫失去妻子，留在世上的親人們，都墜入了悲痛的深淵。

在瞬息之間就奪走了對方生命的肇事司機，則大多數都因此斷送了自己一生的前途。

儘管如此，我們卻只是以遲鈍的目光觀望著那些數字，內心深處沒有絲毫人性的震顫，對死亡完全是麻痺的狀態。

沒有無常觀[4]，就不可能產生拚死的聞法心[5]。我們從早到晚忙忙碌碌，在五欲[6]的驅使下四處奔波，靜下心來凝視自己的時間實在太少了。

但是其實，生活越是忙碌，我們就越需要停下腳步，勻出時間反思自己的人生。

無論是演講還是相聲，如果沒有適當的停頓，只是一味滔滔不絕地說個沒完，就會給人膚淺的感覺。

水墨畫是因為有適當的留白，才會使畫面整體變得意境悠遠。茶室也是由於其簡約素淨的風格，烘托出了「和敬清寂」的茶道精神。

而交通事故則是因為缺少從容鎮定的心境，轉瞬間就造成了血肉橫飛的慘劇。

因此，越是忙碌，就越需要停下匆忙的腳步，尋找時間隔絕世俗的一切，冷靜地反省自我。

盂蘭盆節，無疑是我們一年一次，靜靜地跪在墳前凝視人生的難得契機。這時，我們會意識到自己也有離開人世的一天，意識到生死一大事的存在，進而認真嚴肅地思考這個問題。

如果僅僅是流於祭奠供奉的形式，則掃墓只會以一場祖先信仰的迷信告終。然而，如果合掌於墳前時，凝視無常，凝視自身的後生一大事，那麼就會是一次有意義的掃墓。

譯註

❶盂蘭盆節：在日本是傳統的掃墓節日。

❷賀茂河：日本京都的有名河流。

❸《改邪鈔》：親鸞聖人的曾孫覺如上人（一二七〇～一三五一）所著。

❹無常觀：凝視死亡之意。

❺聞法心：想要聽佛法的心。

❻五欲：人具代表性的五種欲望（食欲、財欲、色欲、名譽欲、睡眠欲）。

31 所謂有佛性，是怎麼回事？

請問

聽說，佛教中說「山川草木悉有佛性」，請問，我們真的有佛性嗎？我越看自己的心，越覺得自己不會有什麼佛性。所謂佛性，是怎麼回事呢？

回答

我想您一定是對自己非常嚴肅自省的人。正如您所說，人越是認真凝視自己，就越會覺得自己沒有什麼佛性。所以，您會產生這個疑問也是理所當然的。

就連被稱為「大心海化現」❶的善導大師，也說自己毫無成佛之性：

深信自身現是罪惡生死凡夫，曠劫已來常沒常流轉，無有出離之緣。

我清楚得知：現在我是極惡最下之人，並且從無始的過去以來一直痛苦至今，未來也將永遠無法得救。

親鸞聖人也明言人沒有絲毫的善：

一切群生海，無始已來，乃至今日、至今時，穢惡汚染無清淨心，虛假諂偽無真實心。

——《教行信證》信卷

所有的人，自從無始的過去以來直到今天、到此時都被邪惡所污染，沒有清淨之心，唯有虛假不實，而毫無真實之心。

可知，我們根本不可能有什麼成佛之性。

那麼，佛經中所說的「悉有佛性」（一切萬物都有佛性）是騙人的嗎？當然絕非如此。

說起佛性，人們都以為是金光閃閃的寶珠那樣的東西，但這種理解是錯誤的。

所謂佛性，指的是「使我們擁有佛性」的佛智的力量。

所以「悉有佛性」就是「悉有者，佛性也」，即「佛性存在於萬物之上」的意思。

佛性是這樣普遍存在的東西，會作用在我們的身上。

舉例來說，狗沒有佛性，但是佛性會作用在狗的身上。

就好比說，收音機本身並沒有發出聲音的功能，但是當它接收到電波的時候，馬上就會開始播音。電視也一樣，電視機本身並不能顯示圖像，但是接收到電波之後立刻就可以播放影像了。

雖然透過收音機和電視機，我們能夠收聽或者觀看節目，但這並不等於說收音機和電視機本身會發出聲音、顯示圖像。

親鸞聖人有這樣一首和讚：

佛說五不思議中，
無比佛法不思議。
所謂佛法不思議，
即為彌陀之弘誓。

——《高僧和讚》❷

釋迦牟尼佛說，這世上不可思議的事情有五件，而其中，再也沒有比「佛法不思議」更加不可思議的事情了。所謂「佛法不思議」，就是彌陀拯救的不可思議。

這說的正是阿彌陀佛普照十方的不可思議的光明——拯救無緣成佛的我們

的本願力。

譯註

❶大心海化現：由極樂淨土而來，佛的化身。

❷《高僧和讚》：親鸞聖人所寫的讚嘆印度、中國、日本的七位高僧的詩集。

32 何謂三種念佛？

請問

親鸞聖人曾經說過「念佛成佛是真宗」、「唯念佛」等等，請問，淨土真宗的教義是只要念佛就能得救嗎？

回答

一般說起念佛，就是指口中稱念南無阿彌陀佛。然而，親鸞聖人教導我們，根據稱念之心的不同，念佛可以分成三種。

那就好像雖然同樣是在流眼淚，但有人是因傷心而哭泣，有人是因悔恨而流淚，也有人是喜極而泣，同樣的眼淚背後有著不同的心情。在流淚的人，有可能是出於悲傷，也有可能是因為喜悅，二者的心情有著天壤之別。而同樣是口中稱念南無阿彌陀佛的人，其稱念之心也會有很大的不同。

親鸞聖人教導我們，稱念之心大致可以分成三種。因此，雖然都叫做念佛，卻有三種不同的念佛。

第一種是萬行隨一之念佛，第二種是萬行超過之念佛，第三種是自然法爾之念佛。

並且，聖人說這絕非他的一己之見，而是釋迦牟尼佛的教導。

萬行隨一之念佛是釋迦牟尼佛在《觀無量壽經》中所講說的念佛，萬行超過之念佛是《阿彌陀經》中所講說的念佛。自然法爾之念佛則是《大無量壽經》中所講說的念佛。

親鸞聖人教導我們，他所講說的念佛，是《大無量壽經》中的自然法爾之念佛。

那麼，這三種念佛之心有什麼不同呢？

首先，萬行隨一之念佛，是指把念佛看作是比各種善行更加尊貴的善，認為念佛是好事而稱念。比如說，認為自己孝順父母、熱心助人，又稱名念佛，所以應該不會有什麼不幸的事情發生，死後也不會去不好的地方吧。以這樣的心稱念南無阿彌陀佛、南無阿彌陀佛，就是萬行隨一之念佛。

第二種萬行超過之念佛是說，相信南無阿彌陀佛之中包含著極大的功德，其功德之大是孝順父母、熱心助人這些善行所遠遠不能企及的，以這樣的心一心稱念南無阿彌陀佛，就是萬行超過之念佛。

以上所述的萬行隨一之念佛和萬行超過之念佛，都是想依靠念佛的功德而得救，所以被稱為自力之念佛。

而蓮如上人在《御文章》中多處教導我們，依靠這樣的自力之念佛是無法得救的。例如：

「以為只要口中稱名念佛，即可往生極樂，此乃大錯特錯。」

而第三種自然法爾之念佛，與為了得救而稱念的自力之念佛完全不同，這是指於相信彌陀本願之「一念」，獲得了絕對幸福的人，出於報謝佛恩之心而稱念南無阿彌陀佛、南無阿彌陀佛，這樣的念佛是自然法爾之念佛。

這也被稱為他力之念佛。

親鸞聖人所說的「念佛成佛是真宗」、「唯念佛」，都是指得到了彌陀拯救之後，所稱念的自然法爾之念佛，請大家務必牢記這一點。

33

什麼才是真正的孝行？

請問

我的父母都非常討厭佛教，而且反對我聽佛法。但是，一想到自己的後生一大事，我就覺得不能盲目地聽從他們。請問，這樣做是不是不孝順呢？

回答

有人以為，孝順就是父母說什麼都必須聽從，不違背父母的意願。但這種理解是錯誤的。

有這樣一件令人莞爾的事情。某戶人家有個兒子，他以為聽從父母的話就是孝順。有一天村裡開會，他去開會之前先問父親：「我該穿什麼鞋去呢？」父親對他說：「穿木屐比較合適吧。」

之後，他又去問母親，母親回答說：「穿皮鞋吧。」於是，他右腳穿著木屐，左腳穿著皮鞋跑去開會，結果被大家嘲笑了一番。

如果不知道什麼是真正的孝行，就會發生這種滑稽的事情。

在《孝經》諫諍章裡這樣寫道：如果父母的言行有不義之時，一定要進行諫諍。只是唯唯諾諾地遵從父母的命令，不能稱為孝順。

在《孝子經》中也說道：萬一父母有不義之事，應當以淚諫言，並斷絕飲食，以求其反省。

真正的孝行，是使父母得到絕對幸福。努力地引導父母，使他們獲得永遠不會改變的無上幸福，這才是真正的孝順。

您在聽佛法，所以肯定知道，要得到絕對幸福只有聽聞佛法，得到阿彌陀佛的拯救。

所以，首先，你自己要追求真實的佛法，獲得絕對幸福，並且要將佛法傳達給父母，引導他們獲得真實的幸福，這才是最大的孝行。

相信真實的佛法，就是信順大宇宙的真理，這是人活著的唯一目的，並非是父母的權威能夠左右的事情。

就好像地球本來是圓的，即使父母硬說地球不是圓的，地球也不會因為父母的權威就有所改變。如果父母踐踏正法，作為孩子，是不可以坐視不管的。孝順是傳統的美德，聽父母的話是好事，但要看是什麼事情。否則，反而會變成不孝。

首先，你要認真詳細地為父母講解真實的佛法，這是最重要的事。因為你的父母還不知道真實的佛法和人生的目的，所以要一心想著無論如何都要讓父母結下佛緣，把握所有的機會，全心全意地為父母講說佛法。

作為父母，很難聽進自己孩子的意見。所以你可能會感到困難和痛苦，但這種用心和努力是孝行中非常重要的第一步。無論父母多麼反對，因為有阿彌陀佛若不生者的誓言[1]，所以，如果你得遇彌陀的拯救，父母也一定會為尊貴、真實的佛法而驚訝，從而開始聽聞佛法，最終獲得絕對幸福。

佛法告訴我們，這才是真正的孝順父母。希望你努力把佛法傳給父母親。

譯註

❶若不生者的誓言：阿彌陀佛豁出生命許下的諾言，即阿彌陀佛的本願。詳見第十一問。

附錄1

親鸞聖人簡介

一一七三年——生於京都（日本平安時代末期）。

九歲——出家，入佛門。

聖人四歲即喪父，八歲時又失去母親。幼年時代痛失雙親，這使聖人驚訝地意識到死亡也在步步逼近自己，於是，為了解決生死大事，他年僅九歲就剃度出家，成為了比叡山天台宗的僧侶。在山上，聖人全心全力按照法華經的教義刻苦修行了二十年，卻由於未能解決生死大事，於二十九歲時揮淚離開了比叡山。

二十九歲——依靠阿彌陀佛的本願，實現人生的目的。

下山後不久，聖人即遇到了淨土宗的祖師法然上人❶，得知了真實的佛法——阿彌陀佛的本願。依靠彌陀的本願，聖人終於得以解決生死大事，實現了人生的目的。他隨即拜法然上人為師，開始全力弘揚真實佛法。

三十一歲——打破佛門戒律，食肉娶妻。

為了闡揚彌陀本願廣度一切眾生的真意，親鸞聖人於三十一歲時打破佛門戒律，公然食肉娶妻。這在當時的佛教界引起軒然大波，使其備受四面八方的責難和攻擊。

三十五歲——被流放越後（新潟縣）。

聖人三十五歲時，遭遇了日本佛教史上最嚴厲的彈壓。在這次彈壓中，親鸞聖人最初被判死罪，後改為流放越後。在風雪嚴寒的越後之地苦度五個春秋之後，聖人來到關東（今東京一帶），在此處大力弘揚彌陀的本願，使真實佛法傳遍了關東大地。

六十歲後——從關東回到京都。

二十年後，年過花甲的聖人返回故鄉京都，此後直到九十歲去世為止，都一邊宣揚彌陀的本願，一邊致力於寫作。聖人著述甚多，最重要的著作為《教行信證》，其他還有《淨土和讚》《高僧和讚》《正像末和讚》《愚禿鈔》《唯信鈔文意》《一念多念證文》等。

一二六三年——九十歲圓寂。

譯註

❶法然上人（一一三三～一二一二）：日本淨土宗的開山祖，親鸞聖人之師。主要著作為《選擇本願念佛集》。

附錄2
蓮如上人簡介

一四一五年——生於京都（日本室町時代）。

蓮如上人誕生於親鸞聖人去世一百五十年之後，是本願寺第七代宗主存如的長子。

三十五歲——前往關東（今東京一帶）弘法。

青年時代的蓮如上人，在窮困的生活中努力修習佛法。三十五歲時，他去往關東弘法。據說，由於蓮如上人一直都是穿著草鞋步行傳法，所以草鞋的細繩在上人腳上留下了深深的印跡，直到上人去世都沒有消失。

像這樣，淨土真宗的教義是由親鸞聖人徹底闡明，由蓮如上人一步一個腳印地傳播開來的。

四十三歲——繼承本願寺，成為第八代宗主。

蓮如上人大力弘法，出現了很多佛緣深厚的門徒。

四十七歲──在四處奔波弘法之餘，開始以書信形式傳播佛法。蓮如上人的主要著作名為《御文章》，是上人寫給弟子和門徒們的書信。蓮如上人看清了本願寺荒廢的原因在於沒有講說教義，於是發奮用心鑽研親鸞聖人最重要的著作《教行信證》，寫下了很多明白易懂的書信。這些書信都是蓮如上人數十年刻苦鑽研的心血結晶，有二百餘封留存至今。

弟子以及門徒們收到上人的書信，就會抄寫轉傳，這樣一傳十、十傳百，《御文章》作為千百個蓮如上人的化身，將佛法傳到了日本全國各個角落。

一四九九年──八十五歲圓寂。

由於蓮如上人的辛苦弘法，淨土真宗（親鸞聖人的教義）一躍成為日本佛教界最大的宗派，並一直延續至今。

附錄3
淨土真宗簡介

親鸞聖人（一一七三～一二六三）的教義叫做「淨土真宗」，被視為淨土門中的一派。淨土門是相對於聖道門而言的。中國唐代高僧道綽禪師（五六二～六四五）把佛教分為聖道門和淨土門，親鸞聖人也沿襲了這種說法。

「聖道門」是指依靠自力修行，以求在此世悟道的教義，門派有天台宗、禪宗等等。

「淨土門」所講的是阿彌陀佛本願的救度，即無論什麼人，只要在此世得到阿彌陀佛的拯救，死後就能夠往生阿彌陀佛的極樂淨土成佛。

道綽禪師在《安樂集》中引用經文說，末法時期，唯有淨土一門可通入，他明確指出，只有歸依淨土門，才能達成佛教的終極目的——解決生死一大事。

「生死一大事」是怎麼回事呢？所謂「有生必有死」，任何人都難免一死，死亡是所有人百分之百終將要面對的事情。活一天，就等於接近死亡一天，活著本身就是在向著死亡前進。那麼，死後會怎麼樣呢？對於活著的人來說，再也沒有比這更重大的問題了。因此，佛教稱之為「生死一大事」。

為了解決這一件大事，親鸞聖人九歲出家進入了佛門。他最初走的是聖道門之路，但在比叡山上刻苦修行二十年也未能得到解脫。對山上的修行之路感到絕望的親鸞聖人，為了尋求真實的救度，離開了比叡山。下山後不久，親鸞聖人遇到了法然上人，由此轉歸淨土門，依靠阿彌陀佛的本願，解決了生死一大事。

「阿彌陀佛的本願」就是指阿彌陀佛立下的誓願。在佛經中有諸如大日如來、藥師佛等很多佛的名字，但釋迦牟尼佛告訴我們，阿彌陀佛是「諸佛中之王」，十方諸佛中至高無上的佛。所以，親鸞聖人在晚年把阿彌陀佛稱為「無上佛」。在佛經中隨處都可以看到對阿彌陀佛的讚嘆，而最集中地講述了阿彌陀佛的三部佛經分別是《大無量壽經》《阿彌陀經》和《觀無量壽經》。

這三部佛經被稱為淨土三部經，是淨土佛教所依據的經典。

親鸞聖人舉出了七位把阿彌陀佛的本願正確傳承下來的印度、中國、日本的高僧，稱他們為「七高僧」。七高僧分別是印度的龍樹、天親，中國的曇鸞、道綽、善導，日本的源信、法然。在《正信偈》和《高僧和讚》等著作中，親鸞聖人盛讚這七位高僧的豐功偉績。

龍樹菩薩（約一五〇～二五〇）於釋迦牟尼佛入涅槃七百年之後，出生在印度。他在著作《十住毗婆沙論》的《易行品》中，明示彌陀的拯救，給後世的淨土佛教留下了很大影響。

龍樹菩薩去世後，同樣生於印度的天親菩薩（約三二〇～四〇〇）對《大無量壽經》做了極為精闢的詮釋，留下《淨土論》。此書在淨土佛教中，和淨土三部經併稱為「三經一論」，極受尊崇。

在二世紀中期到五世紀中期，淨土三部經被翻譯成中文。南北朝時代，出生在北魏的曇鸞大師（約四七六～五四二）作為四論宗的學者嶄露頭腳。他在註解《大集經》時中途病倒，為了求得長生不老，他離開北魏，遠赴江南學習道教，並受師傳十部仙經。但在回國的路上，從來自北印度的佛經翻譯家菩提流支處得知《觀無量壽經》，曇鸞大師立刻焚燒仙經，歸依了淨土門。他對天親菩薩的《淨土論》所作的註解──《淨土論註》對日本佛教影響極大，親鸞聖人也曾在著作中多處引用。

後來，對淨土佛教的繼承與發展作出了卓越貢獻的道綽禪師，看到曇鸞大師所建的玄中寺裡的碑文，歸依了淨土門。

接下來，善導大師（六一三~六八一）親受道綽禪師的教導，最後成為了中國淨土佛教的集大成者。

淨土佛教傳到日本之後，源信僧都（九四二~一〇一七）撰寫《往生要集》，使淨土佛教在日本迅速傳播開來。

後來，親鸞聖人之師，法然上人（一一三三~一二一二）開創了日本淨土宗。法然上人受善導大師的影響頗深，在其最主要的著作《選擇本願念佛集》中，他甚至說「偏依善導一師」，可知，善導大師對日本淨土宗的成立有極其巨大的影響。

法然上人有三百八十餘位弟子，由於大部分徒弟都未能正確理解師父的真意，在上人去世後，淨土宗分裂成五派，卻沒有一派正確傳承了法然上人的教義。親鸞聖人本來並無獨創一派的想法，但為了正確傳播師父的教義，創立了淨土真宗。綜上所述，可以知道，這並不是親鸞聖人自己獨創的新奇教義，而是從釋迦牟尼佛開始，由七高僧一脈相傳下來的真實佛教。親鸞聖人最主要的著作《教行信證》，內容也多為對淨土三部經以及七高僧著作的引用。

親鸞聖人的所有教義，都凝縮在名為《正信偈》的詩歌之中。《正信偈》七字一行，一共一百二十行，其中寫有對阿彌陀佛，以及將阿彌陀佛的本願傳承下來的釋迦牟尼佛與七高僧的讚嘆。現附在本書末尾，希望能與各位讀者結緣。

附錄4

正信偈

親鸞聖人

歸命無量壽如來
南無不可思議光
法藏菩薩因位時
在世自在王佛所
覩見諸佛淨土因
國土人天之善惡
建立無上殊勝願
超發希有大弘誓
五劫思惟之攝受

重誓名聲聞十方
普放無量無邊光
無礙無對光炎王
清淨歡喜智慧光
不斷難思無稱光
超日月光照塵刹
一切群生蒙光照
本願名號正定業
至心信樂願為因
成等覺證大涅槃
必至滅度願成就
如來所以興出世
唯說彌陀本願海
五濁惡時群生海

應信如來如實言
能發一念喜愛心
不斷煩惱得涅槃
凡聖逆謗齊迴入
如眾水入海一味
攝取心光常照護
已能雖破無明闇
貪愛瞋憎之雲霧
常覆真實信心天
譬如日光覆雲霧
雲霧之下明無闇
獲信見敬大慶喜
即橫超截五惡趣
一切善惡凡夫人

聞信如來弘誓願
佛言廣大勝解者
是人名芬陀利華
彌陀佛本願念佛
邪見憍慢惡衆生
信樂受持甚以難
難中之難無過斯
印度西天之論家
中夏日域之高僧
顯大聖興世正意
明如來本誓應機
釋迦如來楞伽山
為衆告命南天竺
龍樹大士出於世

悉能摧破有無見
宣說大乘無上法
證歡喜地生安樂
顯示難行陸路苦
信樂易行水道樂
憶念彌陀佛本願
自然即時入必定
唯能常稱如來號
應報大悲弘誓恩
天親菩薩造論說
歸命無礙光如來
依修多羅顯真實
光闡橫超大誓願
廣由本願力迴向

為度群生彰一心
歸入功德大寶海
必獲入大會衆數
得至蓮華藏世界
即證真如法性身
遊煩惱林現神通
入生死薗示應化
本師曇鸞梁天子
常向鸞處菩薩禮
三藏流支授淨教
焚燒仙經歸樂邦
天親菩薩論註解
報土因果顯誓願
往還迴向由他力

正定之因唯信心
惑染凡夫信心發
證知生死即涅槃
必至無量光明土
諸有衆生皆普化
道綽決聖道難證
唯明淨土可通入
萬善自力貶勤修
圓滿德號勸專稱
三不三信誨慇懃
像末法滅同悲引
一生造惡值弘誓
至安養界證妙果
善導獨明佛正意

矜哀定散與逆惡
光明名號顯因緣
開入本願大智海
行者正受金剛心
慶喜一念相應後
與韋提等獲三忍
即證法性之常樂
源信廣開一代教
偏歸安養勸一切
專雜執心判淺深
報化二土正辨立
極重惡人唯稱佛
我亦在彼攝取中
煩惱障眼雖不見

大悲無倦常照我
本師源空明佛教
憐愍善惡凡夫人
真宗教證興片州
選擇本願弘惡世
還來生死輪轉家
決以疑情為所止
速入寂靜無為樂
必以信心為能入
弘經大士宗師等
拯濟無邊極濁惡
道俗時衆共同心
唯可信斯高僧說

作者簡介

高森顯徹

1929年出生於日本富山縣。龍谷大學畢業。

長期以來在日本及海外各地舉辦講演會，並執筆寫作。

著作有《人，為何而生，為何而活》《送給你100束祝福》《開啟歎異抄》等。

生而為人的喜悅

親鸞聖人的33則佛學智慧　　中国語（繁体字）版『親鸞聖人の花びら』

作　者　高森 顯徹　　　著 者　高森 顕徹

譯　者　《生而為人的喜悅》翻譯組　　　訳 者　『親鸞聖人の花びら』翻訳チーム

発行所　株式会社 1万年堂出版

〒101-0052　東京都千代田区神田小川町 2-4-20-5F

電話　03-3518-2126

FAX　03-3518-2127

https://www.10000nen.com/

印刷所　TOPPAN株式会社

令和 6 年(2024) 5 月25日　第 1 刷発行

　ISBN978-4-86626-089-1 C0095